這世上有沒有一個地方永遠都晴朗，能照徹所有哀傷

一場壯闊的飄零，如沙塵昂揚萬里
裸心才能隨風飄流，真誠和善良是前進的力量

絲路

劉士銘

把自己拋向遠方去遺忘

裸心飄流

謹以此書
致
孤注一擲、拚盡全力，實踐夢想的自己

謹以此書
獻給
一路相信我、鼓勵我、幫助我的每個人
你們是我抬頭就能望見的溫暖月光

獨山子
烏魯木齊
散馬爾罕
塔什干
比什凱克
阿克蘇
吐魯番
敦煌
吉爾吉斯
Kyrgyz
嘉峪關
庫車
塔吉克
Tajikistan
喀什
蘭州
西安
塔縣
杜尚別
上海
中國
China
台北

威尼斯
羅馬
義大利
Italy
梵諦岡
那不勒斯
伊斯坦堡
格雷梅
土耳其
Turkey
棉花堡
安塔利亞
費特希耶
巴庫
亞塞拜然
Azerbaijan
阿什哈巴德
德黑蘭
大不里士
伊斯法罕
伊朗
Iran
設拉子
Turkmenistan
馬什哈德

序幕

投奔絲路！揭開思路最私處

每日上班的頓點時刻，就是外出買一杯咖啡的遊走，或是走上頂樓看高速公路的車流不息。

內湖的天空讓人特別想起飛，總有一班班凌空畫過的飛機，尤其在晴空萬里的日子，我都會想念遠方的風和日麗。

為什麼我那麼嚮往旅行？旅行一定要找尋什麼意義嗎？

旅行，是在生命裡締造磅礴的激情，是一種養分，是一道契機，我想在長途旅行中剖開最深層的自己，直面最私密和疼痛的區塊。

盛夏的日光特別清澈，買完咖啡，我穿進公園的林間，一抬頭掠過一架飛機，蟬聲噪鳴如海潮般迴盪，聲勢大到掩蓋了飛機引擎聲。

霎時，時空好像靜止了，飛機停止了，樹葉篩落的碎光不再游移，我回到二〇〇二年的晴朗午後，看到一位少年，聆聽著同樣嘈雜的蟬鳴。少年剛看完《地圖上的藍眼睛》，他在日記本上銘刻了夢想：「這世界有沒有一個地方永遠都晴朗，我想走上漫長的絲路，遁逃到地平線上最遠的盡頭。」

#震撼眾靈魂的遠征路

每個時代都有一條遠征路，被探險者凝望且爭逐，我心中歷久不衰的那條路就是絲路，張騫、玄奘、馬可波羅踏出了歷險的足跡，亞歷山大、成吉思汗、帖木兒施展了開疆拓土的彪炳雄心。

我期待踏上震撼人心的絲路，不拘泥單一交通載具或路線。

原先的理想是蒙古拉力賽，從英國倫敦開車到蒙古，礙於需要募集團隊和經費，賽制規定要二手車、最好有懂汽修的團員以應變老車的不定時修繕，身處職場的我難以大張旗鼓籌備，因而放棄。

騎單車也是一種途徑，但絲路以沙漠地形居多，若騎單車主軸將是漫長公路的穿越，我更期待投注時間和精力探訪各地，收穫豐富的人文故事和在地體驗。最後選擇了背包客旅行，用深度的行旅視角走訪絲路。

絲路成了一場恢弘的夢，深埋在我心裡，伺機蠢動。二〇一五年出版《我在西藏曬靈魂》後，每次分享會Q&A讀者都會提問一道必考題：「下一站是哪裡？」，我往往毫不猶豫地回答「絲路」。

我這個人重視承諾，只要官宣了，一定卯足全力做到。辦完七場新書分享會，我火速買了機票飛往西安，沿著河西走廊一路玩到烏魯木齊，正式開啟絲路旅遊的濫觴。

返台後，我將背包客的深度體驗開發成年年帶團的「絲路沙漠露營」和「北疆越野車」行程，陸續走了六次中國段絲路。絲路至此融進我的生命，結下了不解之緣。

絲路是個毒癮，一旦踏上了，就著迷於漫長冒險的驚心動魄，我不停考究玄奘西行和絲路北中南道的路跡，期待隨著漫無止境的風沙飄過白雪橫亙的蔥嶺，直抵渺遠的盡頭，羅馬。

路愈長，夢愈遙遠，當日子過得安逸，夢想亦抛得更遠。

有時我閉上眼睛，彷彿能看到夢盼又迴的光景，想要伸手觸摸時，瞬如鏡子被狠狠搗碎，每一片碎鏡都映著殘破、抑鬱的自己，再抬頭，整個人置身在無邊又無聲，一如窒息的黑暗裡。

一個尋常下班夜晚，我在健身房踩著飛輪，也許只有在飆速的汗水和急喘的心跳中，才能感受自己真實的存在。

三十三歲的我正處於人生邁向成家立業的關口，我反覆天人交戰，是不是該暫別一切，再為自己勇敢一次？

夢再怎麼驚心動魄，如果無法抽離現實的泥沼，只能繼續失魂落魄。夢想不該是日復一日的精神鴉片，更不是庸庸碌碌活著的藉口。

也許是命定的二〇一九年，出發前兩個月，我鼓起勇氣向女友和主管達叔袒露大絲路旅遊計畫，期待將深耕多年的絲路脈絡從中國跨境到歐亞大陸，一舉涵蓋出書、演講和帶團三個面向。

這次爭取夢想我不再孤注一擲梭哈，和老闆洽談時多了精巧的談判手腕，提出權衡雙方的彈性方案。女友叨絮幾天同意放行，會視行程進度來探望我。智銘副總知悉後，提議以留職停薪的方式力挺我的夢想，期待我未來協助公司挺進旅遊市場的最後處女地——中亞。

正當以為水到渠成之際，旅伴阿梅臨時告知無法同行，所有難關都疏通了，瞬間又被拉回原點，這個騎虎難下的局，太尷尬了。

面對漫長又未知的旅途，如果找不到新旅伴，是否該放棄呢？我心有不甘。

下班後和好友紅豆聚餐，他聽完我的旅行計畫，拍拍我的肩：「不要放棄，你在我心中是有能力追夢並實踐夢想的人，你明確知道自己要的是什麼，就差跨出去的臨門一腳，我全力支持你，千萬不要留下遺憾！」

我最害怕的從來都不是失敗，而是會不會留下遺憾。

風起了，那就勇敢去飛。

#旅伴難求，但也不強求

我的工作常常需要外地出差和出國帶團，社群動態像空中飛人四處飄移，常被誤解喜歡一個人旅行。我確實可以一個人旅行，也擁有一個人旅行的能力，但「有能力不代表喜歡」。

很多人現狀是單身一人，日子和生活都過得去，但不代表是理想的樣貌，也許他正在尋覓真命的對象，他也想找個伴共度一生。

我依然期待旅途上有人一起集思廣益，一起衝鋒陷陣，一起同甘共苦。也許是個性使然，我就是習慣有人陪伴，有人分享。

我盡力尋找旅伴，如果找不到，就當作是一場獨旅試煉。過往獨旅的最長時間是一個月，一個人旅行到底能走多遠？多久會開始想家？多久會開始懷念家鄉料理？多久會開始疲憊到像上班打卡？這場漫長的旅路，就讓我直探到未知的極限吧。

#拋開所有包袱，裸心出走

「找到旅伴了嗎？」出發前兩周，主管達叔殷切關心。

「我也不確定他是不是旅伴，但既然決定了，還是會如期出發。」

每一次談論大絲路計畫，大夥都瞠目結舌地說「你好勇敢」，其實我也會恐懼，也會憂慮，但就是憑藉一股憨膽，鼓勵自己勇敢出發，甚至「堅持出發」，然後路上正面對決，關關難過關關過。

行前兩星期，我找到了一位同樣時間出行的旅人「老王」。

老王的個性浪蕩不羈，隨興所至，對於旅行沒有確定計畫與確切路線，走一步算一步，找住宿永遠找最便宜的，或是痴心絕對的熱愛野營，特意打扮成流浪漢，身穿黯淡色系的破舊衣褲，腳踏一雙歷盡風霜的藍白拖。

老王在花蓮當老師，申請留職停薪，進行為期兩年的環球旅行。我們在花蓮溯溪時結識，身為投資股票的名師，他的股息有三桶金以上，還曾被雜誌專訪，卻選擇以窮遊的方式領略世界。

行前溝通行程，老王以清奇的思維勾勒出不同的路線，我的路線則很明確，沿著絲綢之路走中亞四國進入歐洲，盡可能造訪玄奘西行踏足之地。

我的路線始終定向不移，唯一改變的只有停留時間，從三個月拉長到近半年，終點從土耳其延伸至義大利。

中亞幾國的簽證是出了名昂貴又不好申請，去過的背包客相對較少，但根據前輩們的經驗分享，出行前要先申請才能確認路線，避免在旅途上增添未知和麻煩。

再怎麼苦口婆心遊說老王，他仍堅持上路後才申請，對網路上的經驗分享抱持著相當程度的懷疑，始終相信有更快、更便捷的門路。

既然決定結伴同行，我依照討論後的共識，不申辦任何一國的簽證就出發。

明明已經準備了八個月，哪國簽證和邀請函該如何申請都倒背如流，到時如果哪一國的簽證出現閃失，偏離了我痴想的絲路廊道該怎麼辦？老王沒有一定的路線，我有。

二〇一九年盛夏，我撇開了期待和恐懼，把自己鑿空如沙子般，拋向懷望已久的遠方。老王會在約定好的城市和我碰頭吧？他就像夏季午後的傾盆大雨，悶雷乍響地說來就來，戛然而止地說散就散。

同事聽聞我的顧慮，鬧著下注我們何時分道揚鑣。如果早就預言會分離，我最需要旅伴的國度是塔吉克，拜託，一定要撐到塔吉克之後。

目次

序幕　投奔絲路！揭開思路最私處　006

驛站一——中國

#用一條絲路的時間遺忘　012
#天山下的繁華大城　015
#獨撐時代的末代王妃　018
#帕米爾高原趕婚禮　021

驛站二——吉爾吉斯

#有驚無險過海關　032
#李白的故鄉還剩下？　036
#策馬逐水草而居　039
#「藍眼睛」伊塞克湖　043
#脂粉未施的健行天堂　048
#讓月光晒乾思念的眼淚　050
#層層考驗出關去　052

驛站三——塔吉克

#驚心的帕米爾高原　060
#萬無一全的瓦罕走廊　067
#心碎的內戰　072
#萬金澆灌的奢靡首都　077
#最漫長的風景是孤獨　083
#動盪火藥庫費爾干納　087

驛站四——烏茲別克

#帖木兒帝國　094
#位居藝術之巔的壯闊帝都　099
#沒被暴戾摧毀的一千零一夜　106
#無情境地有情天　109
#整座古城都是博物館　115
#消逝的鹹海　118

驛站五——土庫曼

#蝕骨奪魂的地獄之門 126
#炫白的大理石之城 128

驛站六——伊朗

#整座城都哭泣的千年國殤 138
#初見德黑蘭 141
#熱情與狂野的大不里士 146
#心靈寓所卡尚 149
#波斯帝國的雄魂 153
#暴動，鎮壓，逃離 161

驛站七——土耳其

#亞洲盡頭，瞭望世界的新起點 170
#以弗所，史詩級羅馬遺跡 176
#雨霧纏身的棉堡 179
#愛上乖馴的地中海 181
#「藍色大門」安塔利亞 183
#一個人搭熱氣球，熱血升空 185

驛站八——義大利

#羅馬帝國永存的浩瀚光輝 192
#走向廣袤帝國的心臟 195
#最小的梵蒂岡，闊如無邊海洋 200
#洪水淹沒威尼斯的日常 202
#在逆境的光處，鑿空重生 206

後記　裸心出走！奔赴遠方的萬千光景 214

驛站一

中國

用一條絲路的時間遺忘

這段旅程有多長，就代表我離開她有多久。每一趟長途旅行都需要付出相當程度的代價，但離開她，從不在我的計畫之內。

行前總是匆匆，我暫別了工作，婉拒了三十場演講，在最後幾天，也失去了她。

一場小爭執讓我們彷彿從高空墜落，意外扯斷了彼此，破碎了兩顆被傷透的心，將關係退回到朋友的位置。

飛往上海那一日，我拖著失魂的軀殼抵達機場，告訴自己不要難過，笑著揮別前來送機的阿梅和莉塔，佯裝自己走得很瀟灑。猛一回頭，再也張望不到每次都佇立在人海裡凝望和揮手的她。

過往每次揮別，我都一臉氣定神閒，像等待出遊的野孩子，她總是不捨地鬱鬱寡歡。送到閘口時，她會摟緊我，用溫柔的擁吻傳遞依戀，最後，我會滿臉燦笑，不停揮手說再見。

這一次，一個人孤伶伶地走，我的腦海還難以掙脫不定時的回憶亂流；這一次，我要花多少時間才能走出來？

離開，是唯一的解藥吧！

登機那一刻，我像是赤裸裸的抛下了一切，登入這條旅路。機窗外的烈陽刺得讓人瞇起雙眼，明耀的陽光卻照不透我的迷惘和悲痛。

我想用一條絲路的時間和距離，去遺忘。

#旅遊的起點是友人

這趟起點選擇上海，主要是去昆山找台商好友阿紹。

阿紹和小胡為了盛情歡迎我的到來，特別下廚煮了一桌菜，精心料理了舒肥牛排，還製作了威士忌冰球，我們天南地北的暢聊一夜。

阿紹隔日邀我去看他的樂團演出，團名叫做「D調團長」，來得好不如來得巧，當天是A PLUS酒吧最後一天營業，也是他們的畢業演出。

三位台灣團員都是上班族，樂團是他們的第二人生。A PLUS酒吧是台灣老闆開的店，選歌一半以上都是流行的閩南語歌曲，以五月天、八三夭、茄子蛋等樂團為主。

台北有家限期營業的「和平青鳥」書店，門口醒眼揭示：「書店最多情感的一天，就是在它即將消失的那一日。」每次獻上R.I.P的那一刻，我們才會緩緩回憶和掂量那些悄悄流過生命的必要之重。

這一場告別演出符合我的期待，轟轟烈烈又揮灑熱淚，雲集了史無前例的滿場聽眾，我們都在台式歌曲裡不分你我的大聲合唱，酒酣耳熱後起身勁歌熱舞。

阿紹在台上說：「我有一位從台灣來的朋友，他要開始跨越歐亞的絲路旅行，昆山是他的第一站，我要送他這首〈我還年輕〉！」

給我一瓶酒
再給我一支菸
說走就走
我有得是時間
我不想在未來的日子裡
獨自哭著無法往前

在這台商雲集的城市裡，我好幾度錯覺自己身在家鄉，有時也許離鄉愈遠，我們就愈熱愛鄉土，緊緊抓住所有關聯的一切。

#懷疑人生的面具咖啡店

「你快來！咖啡店老闆娘旅行過七十六個國家，有豐富的故事，珍藏了世界各地的面具，一定要介紹你們認識。」

「爐火面具咖啡館」開在小區的巷子，門口有扶疏的花木，走進店內別有洞天，收藏了老闆裴哥和老闆娘郭姐走遍世界的回憶，牆上有來自各地的面具，仰頭有不丹昂貴的唐卡，桌子是雲南摩梭族的花窗，還有來自非洲的木雕、南極的地圖，每個角落都能彈現一段遠方的故事。

郭姐個性爽朗，細心向客人介紹每樣珍藏，以及投影牆上每張照片的故事，我想只有心夠遼闊，才能在勞動中保持正向的意義。她說：「咖啡店不能太大，客人太多就無法細心照顧，我希望接待理念契合的老朋友為主。」

咖啡店主打飲品「懷疑人生」的味道實在是太混搭了，一口就能同時嘗盡不同滋味，就像人生苦樂參半，細細品嘗，能漸漸感受到成長的回甘慰藉。

在郭姐的言談中，旅途無限寬廣，就像擁有一扇任意門，旅程既是過去式，也是未來進行式。郭姐三月時剛去了不丹，接著要去俄羅斯的堪察加半島看棕熊。

臨走前郭姐說「祝你這一路有驚無險」。我還接不太住如此另類的祝福，後來才明白，一趟精彩又回味無窮的旅途，必然要有驚奇、驚喜或驚險過關。郭姐的話彷彿也預示了這趟絲路之旅的註解。

我從沒想過上海會成為故事的起點。

旅行有時候不該精心布局，愈是隨興所至，遇見的才愈真實和深刻，當你的心像棉花一樣鬆弛卻飽滿，隨著風，就能飄向那渺遠的遠方。

江南是溫婉多情、雨音成詩的水鄉，如一場水草蕩漾的夢，再怎麼舒適繾綣，養神整裝後，終究要深情揮別。

這杯「懷疑人生」飲品，一次嘗盡人生百味

天山下的繁華大城

我守望著窗外的光亮，靜靜細品著被晨光塗抹的大地豪情，當機身掠過積雪連綿的天山山脈，就代表烏魯木齊快到了。早安！烏市，我們第五次相遇。

烏魯木齊的嚴峻氣氛，從機場就能嗅出端倪，遊客大排長龍，堆疊層層安檢的態勢，來到新疆，只要進到任何空間的第一個反射動作就是安檢，舉凡餐廳、飯店、景點、廁所、地下道，連客運站和BRT車站都要安檢才能上車。每次朋友問新疆治安好不好？我都說超安全，滿是警察、攝影鏡頭和檢查哨，隨時草木皆兵，有心分子很難滲入和鬧事。

初抵烏魯木齊的人絕對會驚歎其高樓林立，城市天際線根本歐美大都會，更遑論開通了地鐵和好幾條BRT。遙遠的新疆省會，遠比我們想像中繁華。

國際大巴扎永遠是來到烏魯木齊的第一站。「巴扎」在伊斯蘭教地區的意思是集市和市場，各國遊客在此購買新疆特產和工藝品，大逛新疆特色料理美食街。

如果想展望烏魯木齊現代化的天際線，一定要去紅山公園，這座臨近市區的小山丘近似台北象山的六巨石觀景台，上午適合拍人像，下午適合拍夕陽。公園步道平緩近人，不一會功夫就能抵達矗立在崖邊的紅山塔。腳底下呼嘯著高速公路的不息車流就像一條汩汩的動脈，活絡了整座摩天大城。

新疆博物館的鎮館之寶是「五

烏魯木齊是一座繁華的摩天大城

星出東方利中國」護膊，以及嚇到吃手手的乾屍「樓蘭美女」。「樓蘭美女」的膚質光滑乾黑，具有高鼻深目、薄唇、白皮膚的歐羅巴人種特徵。這一批乾屍是古歐洲人，在距今三千到四千年前、約莫夏商時期自歐陸穿越白雪皚皚的天山而來，堪稱膽識卓絕，也是最早住在塔里木盆地的原住民。

老王如約而至

我和老王相約在烏魯木齊會合，我如期抵達，他從張掖搭了一夜硬座，晚了一天抵達。

老王原先想在市區暗巷裡搭帳篷，進了烏市後充分感受到情勢特殊，遂打消念頭。我們只能入住可以接待外賓的旅館，每次訂房前都要一一打電話確認，有的地方甚至要去公安局備案。

會合後，我們熱烈討論後續行程。該往何處？路線如何擬定？老王的旅遊方式像火山爆發的岩漿，不按牌理的殺出多條血路，充滿了變動和石破天驚；我像一條航行大海的艦艇，依賴島嶼的定泊補給，沿著島鏈鋪設出前進的方向。

我們的共識是立馬申請下一個國家吉爾吉斯的電子簽證，至於要停留多久，接續路線怎麼走，時機未到，到時路上應變，開啟了我人生最毫無章法的一趟旅程。

吉爾吉斯坦電子簽證是出了名的傲嬌，繳了錢不見得能拿到，拒簽率不低且不給任何理由，一旦拒簽，該護照號碼會列管一年，一年內不可提出申請。再者，若有了拒簽紀錄，未來要再申請同樣凶多吉

國際大巴扎永遠是
烏市的第一站

饢餅正式成為接下來數個月的主食

少，申請表單裡有語帶警示的一題「你有沒有被拒簽過」。

申請完畢後，我內心萌生了忐忑和擔憂。我嚮往的古絲綢之路，吉爾吉斯是重要的一站，一旦卡關，絲路廊道就不完整了，老王則是一貫聽天由命，可去可不去。

每次自助旅行，我往往專注風景就忘了吃飯，對於吃沒有太多想法和執念，大多是走到哪吃到哪，體驗順路的國民小吃為主，對於朝聖知名餐廳意興闌珊，通常出遊一星期就能瘦上兩公斤。

老王對於住宿完全不要求，但從不虧待自己，很會享受美食和美酒，預算相對闊綽，是個名符其實的吃貨。我倆分工，他負責帶路吃好料，我張羅遊程和交通。

新疆料理的特色鮮明，饢餅、烤羊肉串、手抓飯、新疆拌麵和大盤雞，就可說足以概括整條絲路飲食，從中亞到中東的伊斯蘭國度，食物種類大同小異，並因地制宜而有配料和形式的細微變化。而走絲路最難克服的，其實就是食物，種類單一到想哭。

#玄之又玄的簽證謎團

老王順利收到吉爾吉斯電子簽證，而我收到一封奇特的大使館回信，語意是資料不齊全，要我前往首都比什凱克大使館補件。

我百思不得其解，沒拿到簽證要如何通過海關，前往首都的大使館？回信詢問能否線上補齊資料，卻久久等不到回應。

帶著疑惑前往烏魯木齊的吉爾吉斯辦事處，專員也不知道該如何解決，我轉身要走，專員叫住我並給了一組手機號碼，語帶玄機地說：「這個人說不定可以幫你！」

我撥通電話，是一位聲音爽朗的姐姐，名叫菲姐，她在旅行社上班，聽了我遭遇的狀況後，願意協助我解決，於是我前往辦公室面談，以確保不是遇上詐騙集團。

菲姐願意協助我取得簽證，若未如期取得，代表他們辦事不力，能全額退款，我也取得蓋有公司章的收據，之後有任何糾紛，都可向上級單位申訴。

我心裡又重燃一絲希望，如果砸錢能夠搞定簽證就好了。究竟會化險為夷或陷入更深的險境？我始終抱持著疑惑，但至少能夠暫時擱下兵荒馬亂，搭乘九小時夜車前往南疆的庫車。

新疆的羊肉美味到讓我丟魂失魄，無膻味、料理方式最多元

獨撐時代的末代王妃

進入南疆後，安檢規格更高，只要一出火車站就必須被公安逐一盤查證件，來自台港澳居民都需要登記行蹤。好幾次我跟著洶湧的人潮出站，但老王的穿搭太特立獨行，所有乘客就數他最歷盡滄桑，屢屢被公安攔截下來。

「你自己一個人來嗎？」

「我跟朋友一起。」

「那人呢？」

老王每次出站都被逮，我只能羞愧的走回來，跟他同進退。後來我對老王說，只要看到有公安在查證件，我們就自動去報到，不要每次搞得我像是落跑的同伴。

進了公安局，就是例行公事的交流半小時，公安會順道幫忙找住宿（符合規定的三星級以上飯店），我們需求價格最便宜的，公安還會好心幫忙講價，並協助叫車送去飯店。

#孤星的狹縫微光

庫車王府的主人家是達吾提・麥合蘇，乃第十二代「庫車王」，一九九五年末代皇帝溥儀的弟弟「北京王」溥傑逝世後，他就成為清政府的「中國最後一位王爺」。

達吾提・麥合蘇在七十多歲時迎娶第五任妻子，那時王妃三十多歲，兩人相差了四十歲，一起相愛相守了十八年，如今王妃美人遲暮五十多歲。

眼前嫻靜的婦女，即是中國最後一位王妃，看上去卻像一位演員，獨剩她一人在演繹整個王朝，她用一顰一笑撐起了頹圮的時代。

王妃依然在王府裡，她卸下了王室的身分，卻是王府最後的精神依歸。王妃搖身一變成為大宅院內的吉祥物，每日上工和遊客拍照，拍照每次三十元人民幣，我特別拍照以應援王妃。

望著一波波合照的人群，我由原先的詫異演變成憐惜，曾經養尊處優的一代王妃，如今貶謫成自力更生的庶民，我難以想像她怎麼走過來的?!

不禁想起了電影《末代皇帝》。溥儀從三歲登基開始，天崩的開局，連女媧娘娘都無力補天，每當時代的變局來到，他就搶著登上復辟的大船，每局皆是被綑綁的傀儡，他只能自欺欺人的自尊自榮，身為愛新覺羅的子孫，始終難

中國最後的王妃，她一人獨撐並演繹整個時代

以回復大清榮光。

我未曾經歷過溥儀的痛，難以輕易評斷，他的選擇有他的苦痛，最終也付出代價成為階下囚。

眼前這位王妃歷經了時代無情的動盪，選擇成為盛情的東道主，自食其力款待每位遠道而來的客人，以優雅又愉悅的笑容活在世人的心目中，留下了無數照片和影片，用生命圓滿時代最後的句點。

#所有對峽谷的驚歎都獻給天山

我在南疆拜訪了庫車「天山神祕大峽谷」和阿克蘇「溫宿大峽谷」，兩地的峽谷地貌不同，完全不會審美疲勞。

天山神祕大峽谷之所以喚作神祕，是因為峽谷道路主要是一條蜿蜒的裂縫，地景純粹到沒有留下太多人為發展的痕跡，縫隙愈走愈小，彷彿將通往金庸小說裡俠客的隱居地。峽谷呈爐火色澤，沿著深邃的狹縫前行。我最喜歡蓋世谷這一段，峽谷的縫距最窄，雙腳微開就能輕易橫跨峽谷兩端，下午兩點陽光自頂部灌下，岩壁耀出燦爛的金黃。

溫宿大峽谷的範圍廣袤，粗獷原始，堆疊了各式嶙峋的奇岩，像是大面積的石城聚落，間雜著高起的樓閣奇峰。

風景區接駁車是高底盤的越野車，行駛在原始路徑上，深入峽谷核心，並沒有因為開發成風景區，而大興土木修建公路。步道則隨著峽谷地形鋪設，遊走在山巔和峽谷之間，遠近眺望都雄渾，高低俯仰都神美。

天山神祕大峽谷有著幽深的狹縫

帕米爾高原趕婚禮

#喀什的夏日是流淌的輕煙

喀什自古是絲路南北兩道的交會點，如今是南疆的商貿重鎮，我則得在此確認簽證，下一國要前往吉爾吉斯或塔吉克？

喀什古城的巷弄，每一條都值得走踏。伊斯蘭教的異域風情讓人眼花撩亂，古城內鮮豔典雅的門廊和窗櫺著實讓人迷戀，幾度懷疑自己身在中東。

喀什讓我最欣喜的，莫過於路上的孩子，他們忙著追逐嬉戲，喜迎遊客融入他們的童年日常，孩子才是古城的靈魂所在。

我在喀什住了兩家青旅，分別是「停泊帕米爾青旅」和「老城青旅」，兩家都在老城區內，但我更偏愛前者，氣氛好到成為一種情懷，是整趟絲路最讓我想念的青旅之一。

停泊青旅緊鄰中國最大的清真寺艾堤朵爾清真寺，我特別喜歡那片廣大的天台，放置了一整排墊高的榻榻米，背包客交誼的氣氛極好，很容易認識新夥伴和組隊拚車。我最喜歡在榻榻米上或躺或臥，望著藍空中的白雲飄蕩，聽著大清真寺廣場虔誠的喚拜聲，聞著羊肉烤串的孜然輕煙，悠哉地消磨一天。

喀什的夏夜非常清爽，時而獨自臥看夜空，時而五湖四海的小夥伴團坐在一起，喝著烏蘇啤酒，暢所欲言，樓下是烤串店，可以直接在露台大聲點餐。

來到喀什的每個旅人，都有志一同要去中巴邊境的塔縣，去塔縣做什麼呢？去追塔吉克族婚禮。到底這個民族的婚禮有什麼魅力？

塔縣，是塔什庫爾干塔吉克自治縣的簡稱，維語意為「石頭城」，接壤了三個國家，分別是塔吉克斯坦、阿富汗和巴基斯坦，境內有世界第二高峰（K2峰）。

我原先的行程並沒有規劃塔縣，當多數背包客逢人就問「你去過塔縣沒」或「你要不要去塔縣」，彷彿沒去就等同白來了喀什，我和老王便順應潮流併團前往。

#自駕中巴公路

我們和在青旅遇到的阿輝和一添在喀什租了一輛車，自駕前往塔縣，原先規劃玩兩天，後來任性的變成四天，兩天追塔吉克族婚禮，一天去瓦恰鄉尋找新開通的網紅公路。

喀喇崑崙公路（又稱中巴友誼公路）被列為「世界十大險峻公路」，行駛在開闊的帕米爾高原之上，道路鋪面良好，像是展翅翱翔的雄鷹長驅直入，輕盈滑行過雪山巨人們的巍峨體魄。

中國不愧為「基建狂魔」，再險峻的地理環境都能修好路，綜觀帕米爾高原上諸國公路，一旦跨進其他鄰國，公路狀態就顯著崩壞。

我們的駕駛阿輝顏值出眾又一身精壯，來自河南鄭州，在江蘇從事健身事業，特技是掛在桿子上當人體國旗。

一般走中巴公路到塔縣，都是為了感受「紅其拉甫口岸」的國門，但我們沒有辦巴基斯坦簽證，會提前被擋下，無法抵達口岸。更多的人來到塔縣，是為了參加塔吉克婚禮，塔吉克婚禮幾乎周周都有，相當歡迎外人參觀，一口氣熱熱鬧鬧地舉辦個四天，全村村民都踴躍出席。

凱途旅店的黑板上公告兩天後才有婚禮，我們和其他旅伴交流時，意外發現隔日就有婚禮，只不過遠在一百多公里外的小村落，據說相當傳統和純樸。我覺得奇妙的是，同樣都是旅客，他們消息怎能如此靈通，比青旅觸角還廣。

打算外出吃晚餐時，我們在大堂遇上了同鄉的曼曼，她獨自一人從塔吉克出境，回到塔縣休養生息，她想離開塔吉克的理由不是玩累了，而是想吃青菜，聽起來很鬧，其實她超認真。

為了讓曼曼吃菜，而且吃好吃滿，晚餐我們吃火鍋，她嗑了好幾盤青菜。後來踏入中亞多個月，我深刻理解了她的心情。

翌日，我們開了兩輛車前往阿勒瑪勒克村，至於哪一家辦婚禮？到了當地再找！心裡更忐忑的是另一層不確定性，台胞在邊境管制比較多，我、老王和曼曼三人能否抵達得聽天由命。旅行很多時刻你只能應化而生，被動到沒有所謂的選擇權。

所幸我們安然通過了檢查哨，抵達鄰近邊境的村莊，正發愁哪戶人家辦婚禮，就在路上攔截到結婚車隊，另一車較早抵達，車上已經黏好紅絲帶，完美融入娶親隊伍，浩浩蕩蕩前往女方家迎親。

女方家外圍擠滿了人潮，像是一場盛大的戶外舞會，歡快的舞曲音樂放得震天響，男女分流跳著迴旋舞，歡快的節奏搭上每個人臉上的笑容，迴旋著無限擴增的祝福，明明還在中國境內，卻像身處異域。

從此刻開始，迴旋舞成了舞蹈顯學，不停旋轉和踏蹬，就一路跳過中亞，直到亞洲的盡頭。

#婚禮愈純樸，愈真摯動人

我們明明非親屬，卻被塔吉克鄉親視為貴客，邀請我們進入客廳，與新郎和新娘並排用餐，主食是饢和手抓飯，佐上一桌的果乾和水果，手抓飯到了傳統部落，就體現出手抓的原始精髓。

飯後，新娘告別了娘家，大隊人馬移師到遠處的新郎家，沿途的親戚家都需要停留。門口都有擺好的宴席，精準一點來說，是在地上鋪設地毯，擺滿饢、果乾和水果，以野餐形式等待新人和娶親隊伍入席。

沿路上車下車，一共走訪了五處親戚家，同出一轍的標配料理，終於抵達了新郎家。大隊人馬車子停妥後，才得知新郎家在河對岸的山谷裡，沒有公路直達，得步行穿過一條原始的土路，經吊橋跨河，才能抵達。

新郎家是一棟原始古厝，遺世獨立於空谷裡，像是逃避戰亂的隱居之地，小夥伴窸窸窣窣的交頭接耳，「看來女方嫁不好」、「這一定是真愛」。

若就房舍地理位置和生活機能來說，女方從城鎮嫁到了鄉村，但愛情本來就非物質條件能夠衡量，我們無須妄下斷語，只要他們相愛，願意執子之手和長相廝守，那就是世界上無與倫比的美麗，說不定他們婚後會搬去城區的套房住，婚禮還是要辦在老家才氣派。

進了新郎家，室內空間寬敞，現代化設備一應俱全。我們再次被邀請入席，就像擔任證婚人，可謂是盛情款待，擺設的料理豐盛又多樣化，展現出喜宴的氣勢。

歷經一整天吃吃喝喝，我們老早沒有胃容量能夠吞納更多食物，只能淺嘗幾口，感受歡愉的氣氛足矣。

#牛棚裡的《中國好聲音》

最愛圍繞外賓的，絕對是孩

來塔縣追婚禮，最美、
最不捨的是人的溫情

子。由於孩子有上學，說著流利的普通話，能聊天或是擔任翻譯。

我們輪流被問完十萬個為什麼的身家調查，就自動被孩子收編成玩伴，拉著我們去嬉戲。

有一位穿著紅衣的女孩，就讀小學六年級，是家裡最大的孩子，語言能力最好，她帶著妹妹，引導我們參觀家裡，以及她的寬闊遊樂場，包含後院的一片田和牛棚，後來發現區域更大，放眼地平線上所及範圍。

她帶我們走進田裡，摘下了一個豆莢，掰開後取出豌豆就塞進嘴裡，介紹這是她最近的零食，要我們多採一點，多吃一點。

吃完點心，我們被拉進牛棚，在羊群前，拿起草梗，召喚羊兒來吃草。

接著她靈機一動，一臉竊笑的把門關上，我原以為她要將羊隻放出來玩，想不到她說：「現在是《中國好聲音》競演時間，每個人都要表演一首歌，評委是牛。」

我咧開嘴角竊笑，這不就是對牛彈琴，不對，是對牛唱歌，我看著老王和曼曼，三人相視尬笑，我低聲呢喃：「唉唷，我們被迫營業了。」

紅衣女孩率先登場，點播《學貓叫》，熟稔的邊唱邊跳，看來在學校訓練有素，曼曼和妹妹被指派在後面伴舞。

曼曼接著表演《飄向遠方》，笑彎彎的眼神，溫柔的歌聲，Rap 唱得稀落又含糊不清，一臉故作鎮定的假笑。

我在台下含蓄害羞，一上台火力全開，表演《愛我別走》，採一人舞台劇的形式，對著牛深情歌唱，在大家的訕笑中，完成荒唐的鬧劇。

接著，大人進了牛棚，牽了兩頭羊出去，我們順勢跟出去觀看宰殺，老王閃過了表演。

宴席開餐時，迴旋舞的音樂同時啟動，舞池裡的人們，一路跳至深夜，新娘和新郎進房休息之後，坐在台下的男方父母，突然牽起對方的手，走進舞池，這個家的鎂光燈焦點再度回到他們身上，專屬他們的 Show Time 才剛開始，在眾人的歡聲雷動中跳了半小時。

我們和兩位小女孩，時不時在舞池上載歌載舞，每個孩子都嫻熟舞蹈，老王的舞技不突出，他最精湛的莫過於過度浮誇的表情，總能

孩子在牛棚上演選秀 PK 賽

惹笑一旁觀眾。

隔日清晨要離開時，兩位小女孩難分難捨追著我們，互道好幾次「再見」，兩人抱住曼曼，姐姐含著淚問：「你們還會再回來跟我玩嗎？」

我哽著淚水：「我會永遠記得你們，不要哭，有緣就會再見面的！」

她們的面容褪去了憂傷，勉強擠出一抹安定的微笑。我無法給予確切的承諾，只能滿腹心疼的告別。

車子緩緩遠離，我望向後車窗，孩子追著車跑，一路跟到村子口，他們也許知道，這兩天緊密的依賴像一場短暫的美夢，用盡全力揮手，宣洩最後的依戀。

車內都是鼻息急促的喘動聲，我們的淚不再壓抑，失守崩落。

這次說了再見，也是再也不見了吧！

#自由馳騁的狂歡

回到塔縣，青旅交誼廳鬧哄哄，大家爭相討論一處熱門的網紅景點「盤龍古道」，號稱新疆第一彎公路，全程六百三十九個彎道。

這條公路位於中巴邊境的瓦恰鄉，我們抵達時，讚歎路型如巨龍般任意蜿蜒，密集如腸子纏繞，空拍視野尤其壯觀，行駛其中身體被左右甩動，像盤旋在《頭文字D》的連綿髮夾彎山道。

這條公路從高空到地面的感官體驗都過癮極了，來回塔縣的車程約六小時，每個人都覺得不虛此行。

自駕在帕米爾高原是場無邊無際的漂流，是雙眼和心靈都裝不下的無限寬廣，張開雙手就如海鷗滑翔天際，明朗的陽光如春風拂面，每個人都嶄露出明媚的笑容。

離開以後我才知道，中巴邊境這幾天是整趟絲路最自由馳騁的一段時光。自駕在我心中留下了激情闖蕩的美好印象，成了未來嚮往的旅遊方式。

塔縣回喀什的公路景觀壯麗，我卻提不起勁，煩躁不安的感受，膨脹到跋前躓後。

一來要跟氣氛鼎沸的旅伴告別，二來簽證的盲盒即將開獎。

#我滯留在刺眼的想念

有一種曖昧，就是付錢給了掮客，她一再給予希望，卻只換來一次次斡旋和等待的循環折騰，真心不知道是遇上離奇詐騙，還是該認賠死了心。

喀什的陽光依舊飽滿，老城建築粗獷的外框線，隨著熱風拂動，我獨飲烏蘇啤酒降火，卻渙散的、空蕩蕩的，無人陪我舉樽大喊乾杯。

一早陪老王搭計程車去喀什車站，送他送到最後，自己卻寸步難移，像伏泳在巨大的堰塞湖，情緒緊繃到找不到一絲裂口。

原來我是如此害怕，害怕簽證會失敗，害怕一個人旅行，沒有大家想像的堅強和勇敢。我多麼希望能夠獲得上蒼垂憐，順利度過難關，依循玄奘的腳步進入吉爾吉斯，穿越古絲綢之路。

我再次撥電話給菲姐，她要我馬上再重辦一次簽證（兩百美元），而且要用加急的方式（一百五十美元），信誓旦旦保證今天可以下來。

我瞬間頭昏腦脹。我是否陷進了更大的錢坑？要賭最後一次嗎？會不會給了錢就直接被封鎖？

在「新疆第一彎」盤龍古道蒐集六百三十九次的天旋地轉

溫宿大峽谷堆疊了壯觀奇美的丹霞地貌

自由馳騁在雄渾的中巴公路

冰雪連綿的天山山脈是亞洲最深處的驚歎

驛站二

吉爾吉斯

有驚無險過海關

我決定賭一把，咬牙付了三百五十美元的加急簽證，鐵了心要進吉爾吉斯，不甘心絲路廊道有斷裂的缺憾。錢能夠解決的，那就是小事。

菲姐立刻回覆語音訊息：「我會全力幫助台灣年輕小夥伴，明天就讓你去吉爾吉斯拍旅遊視頻，我一直跟他們說你很好、很能幹，能幫助宣傳吉國風景和風俗。」

這兩個星期每天都和菲姐通訊息，她很欣賞我放在微信朋友圈的圖片和文字，覺得我是有正能量的老實人，因此花費特別多心力處理簽證。但這種話聽久了，難免擔憂是五迷三道的業務套路。

喀什的正午，明亮又曝晒，我打開水龍頭，讓水花熨貼泛熱的臉頰。我聽不見嘩啦啦的水聲，心跳在耳畔一下又一下轟轟炸響，我不停告訴自己要冷靜，平復躁戾的心緒。

下午三點，手機傳來連續震動，一股巨大的不安，天搖地動顫抖著，我吸了一口氣，抖動的手指按下通話鍵：「你的簽證下來了！明天就可以過海關，你到了首都，我有一套房子是空的，免費借你住！」我雀躍大叫：「Yes!」

經歷虐心的漫長交涉，緊繃的火山熔岩炸開為張狂的花火，在夜空盛放不止！我可以出發了，還幸運獲得了免費住宿。

「有驚無險」地過關斬將，會是本趟旅行的基調嗎？

#入關是一場團隊戰

搭飛機跨境永遠是最輕鬆又安全的方式，走陸路口岸往往最繁瑣，還有被勒索的隱憂。

中國段的檢查像過五關斬六將，新疆烏恰的伊爾克什坦口岸只是大門，就像風景區的售票口，並非真正的邊界口岸。

真正的伊爾克什坦口岸遠在一百三十公里之外，開車約兩小時。從上午十點到下午五點，完成了中國段的通關作業，檢查、檢查再檢查，行李不停上上下下。

出中國關口後，吉爾吉斯的關口相距好幾公里，我們沿著貨車長龍，徒步約四十分鐘才抵達，沒有宏偉的國門意象，只有類似加油站輕鋼罩棚的檢查哨。

觸目所及，對比出基礎建設的

步行前往吉爾吉斯海關

落差，我揮別了繁榮的京華煙雲，脫離了溫暖的襁褓，真正的旅行展開了。

過海關是一回事，抵達新一國的邊境，剛入境對物價沒概念或者手頭上沒有該國貨幣，光包車去邊境大城就注定是場被坑殺的劫難，卻別無選擇。

我們先和海關人員攀談，掌握包車進奧什（Osh）的合理價格區間。一走出去，果然，司機喊出了天價，我們經過輪番議價後，一人車資二十五美元，車程三小時。

旅行到今天是什麼感受？就是不停分進合擊，只要到了新的地方，要盡全力拓展人脈，迅速組織團體，打一場集結遊牧旅人的團隊戰。

#站在城市巨岩上

闊別一天，我和老王合體啦，見面第一件事就是買酒慶祝。老王和我最合拍的就是一路上無酒不歡，尤其他又愛探索美食餐廳，有他在，我毋需顧慮吃食。

他昨日已經徒步把奧什城區晃了一圈，進行了街頭寫生，領著我趴趴走，最後晃進了巴扎，這才感覺到了新的國度。

奧什夏季正午炎熱難耐，我們在室內躲到下午三點才出門，市區顯而易見一座小山是蘇萊曼聖山（Sulayman），外觀為五座山峰，相傳穆罕默德曾在此禱告，成為伊斯蘭教的聖地，也是世界文化遺產，位居絲綢之路的重要樞紐。

山上能展望奧什全景，我們則探了兩個洞穴，看到現代人用立可白或油漆留下的文字圖像，推測古老的岩畫已被取下放進博物館。

洞穴博物館的外觀帶著蘇聯遺風，雄偉又浮誇，像一台混凝土的大型留聲機鑲在岩石上，展館由兩個獨立樓層的洞穴組成，有考古、宗教、動物標本和藝術展品。

幾千公里的漫長絲路，交替著不同飲品，啤酒也有了區域性，「黃河啤酒」限於甘肅境內，「烏蘇啤酒」限於新疆境內，吉爾吉斯國民飲料「格瓦斯」（kvass）則是源於俄羅斯的麵包發酵飲料，暱稱「共產可口可樂」。

奧什街頭，走沒幾步路就會遇上一台飲料攤車，我特別喜歡大型橘色桶子的KBAC攤販，格瓦斯是無酒精飲料，卻帶有淡淡的啤酒發酵味，加上蜂蜜或水果調味後，

被城市環繞的
聖山蘇萊曼山

洞穴博物館是蘇聯出品
的雄偉浮誇建築

吉爾吉斯國民飲料
「格瓦斯」，離開
後讓我思念如焚

炎炎夏日喝一杯，超消暑。

#入住免費豪宅

人生最強境界，就是把代辦簽證的新疆旅行社員工菲姐收編成粉絲，免費贊助比什凱克的閒置豪宅。當你真誠對待每個人，就算是想賺你錢的人，真心交陪之後，也能有意外的驚喜收穫。

菲姐的女兒先前就讀吉爾吉斯大學，買了距離學校走路一分鐘的房子，如今女兒去美國深造，房子到九月才會出租給新房客，因此有了空檔招待我們。

管家是中國回族的 Fatima 姐，致電給她時，她的普通話帶有濃厚鄉音，我聽不懂地雞同鴨講，好在老王從小在眷村長大，能夠參透一半內容，順利拿到俄文地址，到了樓下，再請大樓管理員和 Fatima 姐通電話，突破諸多語言障礙後，終於順利相認。

一走進菲姐的房子立刻被震懾，寬敞的客廳、廚房與寬闊的走廊，相當適合 long stay，老王也接收到樓下的免費 Wi-Fi，可以收看電視盒裡的電視台。

比什凱克讓我最愛的，莫過於遍布大型廣場和公園，處處花木扶疏又綠草如茵，走沒幾步路就想挑張椅子坐下，一派放鬆，是座舒服又適合喘息的城市。

我們在比什凱克閒晃了五天，逛了百貨公司，吃了各式餐館，消費價格只有台灣的一半，偶爾也去公園晒太陽和打盹，化身街友，每當覺得自己像一座雕像或紀念碑，就是手麻或腳麻的時候。

比什凱克是讓人離不開的寵溺之城

李白的故鄉還剩下？

安排大絲路行程時，只要課本讀過或熟悉的歷史故事，我都會納入行程。碎葉城，就是吉爾吉斯被列入第一個要造訪的目的地，傳說中詩仙李白的故鄉，玄奘前往天竺亦曾途經。

很多人納悶，李白是唐朝人，怎麼會出生在中亞？其實吉爾吉斯全境，在漢朝、唐朝和清朝都被納進中國版圖，當時的中國國境真的很大，無奈晚清國力衰頹，任由列強蠶食和宰割。

吉爾吉斯的托克馬克（Tokmok）原為西突厥汗國首都，唐朝征討後為「碎葉城」，屬於安西都護府轄下四鎮之一，也是中國歷史上在西部設防最遠的邊陲城市。「碎」並非破碎的碎，關中話是細小瑣碎之意，意即小葉城。

考古學家曾在廢墟中發現四枚唐代錢幣，印證了碎葉城曾是絲路廊道的重要商鎮，而一千年以後，會是什麼模樣!?

夥同臉書相約同行的台灣旅伴思思和阿志，我們從首都比什凱克搭乘小巴去托克馬克，再包一輛計程車前往碎葉城。

這遺址只有華人旅行團會去，一般自由行遊客也不多，司機不清楚詳細位置，沿途挨家挨戶問過去才找著大略方位，最後我飛無人機在空中盤查，終於找到相對位置，從荒煙蔓草中尋得了遺跡。

千年前的大城如今徒存一丘荒土，城垣脆弱地崩塌著。碎葉城遺址終將土崩瓦解。再輝煌的歷史都

一千年以後，李白的故土「碎葉城」

會衰亡，只剩下憑弔，以及聲聲歎息。

大家吐不出幾首李白的詩，卻能一起合唱李榮浩的歌：「要是能重來，我要選李白，至少我還能寫寫詩來澎湃，逗逗女孩。」我們這一代對於李白的印象已經被李榮浩的〈李白〉譜寫下嶄新的註解。

李白出生於碎葉城的富商之家，五歲時跟著家族遷徙到四川，正好趕上了中國歷史上最鼎盛的唐朝，見證了時代由盛轉衰。

歷史就是妙不可言，不管距離再遠，天選之人注定會趕上天時地利人和。李白出生的碎葉城位置仍有爭辯，到底在新疆的焉耆或是吉爾吉斯的托克馬克，已經成了千古之謎。

李白以詩、酒、旅行和求官貫

穿一生，他疏狂一笑、袖口一吐，就大半個盛唐，他秉持著遊俠的浪漫，在人世浮沉的醉與醒之中，刻畫雄奇篇章。

李白的文字桀驁放縱，具有無限擴張的張力，恢弘到沒有邊界，堪稱「行走的金句製造機」。不管來自焉耆還是托克馬克，他更像從月亮來的人。我想，李白最後仗著劍、攜著美酒，走入對他不離不棄的那一輪清輝，成為了中國文學史上的永恆月光。

我們順道拜訪世界文化遺產「詩歌塔」，又名布蘭那塔（Burana tower），周圍的清真寺不復存在，獨留一座建於十一到十二世紀的古老宣禮塔，矗立於壯闊的雪山前。

詩歌塔下散落大量的石人雕像，各自長著迴異的容顏和表情，據悉是九世紀前的突厥人遺留下來，與新疆伊犁的草原石人有相像之處，以石人墓碑奉祀豐功偉業的英雄，有鎮邪和除妖的效用。

我原本以為，走絲路將是一場地表上最遼闊的文明走讀，上路後目睹一個個輝煌時代陡然驟逝，心頭緩緩浮貼上一層層百轉千迴的歎息，重若千鈞的悼念。

絲路，也許是個強悍又百千萬劫的存在，一次次浴火焚身，又一次次璀璨重生。

詩歌塔與連綿雪山，絲路，就是強悍又虛無的存在

頌湖，頌讚著最豐美的遊牧時光

策馬逐水草而居

有時候旅程徒增波瀾和紛擾，來自於旅伴的撲朔迷離，每個難以回頭的抉擇，都是兩個人的共業。

打從新疆開始，我屢次和老王提及到了吉爾吉斯要參加頌湖三天兩夜的騎馬行程，其中兩天騎馬，最後一天搭車。

頌湖有三種體驗法，騎馬、包車和徒步，前往頌湖的公路僅六月至九月中旬開通，封路季只能騎馬和徒步。頌湖的騎馬價格公認世界便宜，我希望以後去任何地方，一跳上馬背就能在草原上快意奔馳，不用被馬伕像遛狗一樣牽騎。

#胎死腹中的策馬奔騰

一抵達科奇科爾（Kochkor）入住鎮上的旅宿，我連忙走訪各旅行社詢價，獲得的方案和價格和背包客們給的資訊完全吻合，打算跟 Happy Hostel 包團，不僅價格公道，出團率也最高。

陽光漸漸被山頭擋住，挑了最便宜旅宿的老王這才剛辦完入住。原來旅宿地址標示錯誤，他繞了鎮上一圈都尋不著，後來路邊問了一位司機，請對方打電話給老闆才順利找到，距離鎮上約三公里，他也成了該旅宿開業半年以來第一位成功入住的房客。

老闆傾盡全力款待老王。老王協助修改旅宿網上的地址、更新房間照片，覺得住宿環境不錯還慫恿老闆提高房價。他算是做了件好事，只是把明天的行程拋諸腦後。

我帶著老王前往出團方案最理

想的 Happy Hostel，碰巧已有另外一組兩人也預訂了騎馬，有機會併團，但需要等待對方回覆，老闆要我們先去吃晚餐。

晚餐後，我們回到 Happy Hostel 詢問老闆有沒有其他備案，老王突然臉色一變，覺得老闆要坑我們錢，我緩頰說這家已經是所有背包客公認價格最便宜，他又嫌老闆的服務態度不好，瞬間垮成臭臉，起身要離開。老闆好聲好氣把我們送到門口，祝福我們能夠找到理想的價格。

我對老王說，這間是我花了一整個下午探詢到最好的價格，並拿出所有旅行社的估價單給他看，他賭氣說不相信，要走回鎮上逐間再問一次，那時已經晚上八點，我說走回鎮上約莫半小時，旅行社幾乎都關了，他堅持要去看看。

走回鎮上，果不其然，旅行社全關了，老王說那再走回去 Happy Hostel 跟老闆周旋。老闆一開門看到老王，空氣瞬間凝結成冰。老闆一臉嚴肅地說旅行社已經休息，要談的話，明天上午八點再來。

我整個人為之氣結又沮喪，奔波大半天，卻被老王一口氣打回原點。隔天一早八點還要再回去談判，代表了我七點要出門，六點要用早餐，如果不多繞這一圈，九點集合，時間多麼寬裕和舒坦。

隔日一早八點，我們和老闆進行新一波談判。老王突然問起純包車，聽到價格後心動不已，這才透露難以掌控騎馬的身體負荷，鼓吹我改成搭車，而且當日就有一團，可以和兩位波蘭女孩一起走。

面對急轉直下的情勢演變，我不得不妥協，今天不跟團，就會壓縮到後面的行程安排。搭車行程分外悠哉，一天只需開車四十分鐘就能抵達下個目的地，但和我原先企求的騎馬行程卻是天壤之別。

被耽擱的心願最終成了遺憾。接下來闊綽的三天兩夜，我將空蕩蕩的屬於哪片湖或草原？

#雙腳踩上最深的星河

頌湖（松克爾湖）為吉爾吉斯第二大湖泊，位於海拔三千零一十六公尺，與雲南瀘沽湖同樣是高山盆地。車子穿行蜿蜒山路，崇山峻嶺平攤眼前，我們驚呼連連，險峻一如新疆獨庫公路。

入山後，收訊愈來愈渺茫，下切進入草原，掠過一落又一落氈房，頌湖一開始如鵝卵石微小的光亮，逐漸擴增到淼無邊界。

我們被送到湖畔的氈房，展開一段逐水草而居的遊牧生活。頌湖的夏季很短暫，八月中造訪，草原已轉為泛黃，入夜恰似寒冬，日出前草原上一片白霜，待陽光灑落，一整片草原旋即閃動著光芒。

頌湖說不上大美，卻成為絲路旅程裡最慵懶的時光，一會兒湖邊晒陽光，一會兒草原追牛馬羊，經過幾次循環，就到了下一餐。

草原上的遊牧民族，氈房像是漂泊不羈的浮島，也是根深柢固的家園，每一季聳立在草原之心最豐美的時刻，有長進土裡的紋風不動，有延伸至蒼穹的遼闊無邊，最重要的家人和家當都常伴左右。

入住氈房才能好好感受遊牧民族的生活。打開門扉，像闖進紅通通的新天地，頭上是圓球型穹頂，腳下是毛茸茸地毯，由於氈房外層包覆了厚厚的毛氈，裡頭防寒又防雨，儼然是座固若金湯的城堡。

入夜後，氈房內點起燈，暖爐裡也添了木炭，從空氣到身體都烘得暖和，溫度和光亮被緊緊鎖在氈房內，一絲不漏，就算站在氈房外頭，也完全無法洞悉房內作息。

頌湖的夜，零光害。草原上的人煙被封存在氈房內，不沾惹偌大平野的星空。我經歷過無數場美麗的星空，頌湖卻超越了過往，一步出氈房，瞬間直抵銀河深處。

我趕在月亮上升前搶拍星空，一次收攝了銀河、湖水和氈房。頌湖之美之好，有如元代唐珙寫的「醉後不知天在水，滿船清夢壓星

氈房是草原上最心安的堡壘

河」，眼裡是銀河，腳踩著湖裡掩映的星河。

#當一回馬背上的漢子

第二天早餐後，我們被送到半小時車程之外的草原，氈房緊鄰溪水而立，這裡是騎馬路線停泊的驛站，頌湖遠到剩一片波光，直線距離走去湖畔要三十分鐘。

歷經一日沒洗澡，眼看陽光和煦，上午閒來無事，我和老王走向遙遠的湖畔，伸手測了水溫，寒到需要鼓起勇氣，一鼓作氣衝下去，來回游動加熱身體。

緩緩適應水溫後，我舒服地投入頌湖的懷抱，發現湖裡的波光閃現了魚和蝦。

主人家有一群孩子，圈養的馬和驢有如大玩具，他們一下騎、一下牽，像是被按下循環播放般樂此不疲。我們被呼朋引伴受邀加入，因而第一次騎了驢。驢的性格溫馴，像是隨身侍衛一般，了無情緒的俯仰由人。

草原上星羅棋布著馬匹，有的站立吃草，有的躺臥休息，有的追逐嬉戲，近身觀察每一匹馬，形態各異，我像是拿著放大鏡穿進清宮畫師郎世寧的《百駿圖》。

我特別詢問主人，可不可以租一匹馬來騎，雖然語言不通，還是比手畫腳達成了租賃，大女兒牽著馬帶我晃了一圈，給了一個小鞭子，便讓我策馬往湖畔奔去。

我發現馬兒善讀人心，人一踏上馬鐙就得挾著威懾氣場才能鎮住馬兒，如果韁繩指令不明確，鞭子沒有抽到臀上，馬兒就不會順著你的意念前進，會自顧自的跑去吃草、喝水，和其他馬兒聯誼。

回程時，我操控好韁繩，精準抽鞭縱馬，馬兒使勁跑起來。我身體跟著馬兒的節奏起浪，有如馳騁戰場殺敵，可惜淺嘗即止。

這片草原讓我返回了童年時光，像孩子漫無目的四處撒野，飢腸轆轆時就回氈房吃飯。

草原上的料理簡單，比較繁複的菜色是馬鈴薯燉牛肉湯和薄皮包子（manti）。我如願喝到了馬奶酒，像是酸奶加上了酒味，很侵略性的酒，一入口，強烈的酸味直攻喉頭，接著才逐漸滲出酒的香氣。

我在頌湖習慣了把茶和饢當成主食，一盞又一盞熱茶，搭一塊又一塊沾附果醬的饢。這套飲食標配將糾纏數個月，直到亞洲的盡頭。

很樂意成為你託付真心的玩伴

「藍眼睛」伊塞克湖

吉爾吉斯最後的重點行程是伊塞克湖環湖。

《地圖上的藍眼睛》的「藍眼睛」，講的就是伊塞克湖（Issyk Kul）。這座湖究竟多美，能讓作者杜蘊慈賦予如此盛讚？她經歷了金秋的湖色，而我趕上喧鬧的夏末。

吉爾吉斯最值得探訪的美景，高山健行、峽谷丹霞地貌、湖濱沙灘，統統都在環湖動線上，可惜我們在兩大城市逗留太久，僅剩十天可以環完一圈，導致行程按下了加速鍵。

環湖如此曠日費時，這座湖到底多大？伊塞克湖是世界第二大高山湖，僅次於南美洲的喀喀湖。唐朝為中國版圖，稱為熱海、大清池，清朝稱為特穆爾圖淖爾、圖斯池，玄奘西方取經曾途經此湖。

我們以逆時針方向繞行，從南岸的托沙（Tosor）前往東岸的卡拉科爾（Karakol），再繞上北岸的喬爾蓬阿塔（Cholpon-Ata），最終抵達西岸的巴雷克奇（Balykchy），接回首都比什凱克（Bishkek）。

也許路夠漫長，才放得下自身的框架和囿限，我第一次嘗試了搭便車旅行（hitchhiking），在紙板上寫好目的地，揚起了笑靨，伸出手舉起大拇指，擦肩一輛輛呼嘯而過的車子，這種等待和釣魚一樣悠長，總會有一輛願意為你停留的車。

我搭便車旅行不是為了省錢或免費，純粹是當下沒有大眾運輸可以抵達目的地，只能換成搭便車前往，我還會貼補車費給善心搭載的司機。

#雪山下的偽海灘

從車窗瞥到第一眼伊塞克湖，我驚訝歎道：「這根本是海吧，那片湛藍的水色，還有金黃色的沙灘，像極了墾丁南灣！」

湖面大到無邊無際，這座終年不凍湖恍若一片遼闊的大海，四周環繞著雪山，為海拔四千到五千公尺的天山山脈。

壯闊雪山下，金黃沙灘的「大海」邊，遊樂設施齊全，有滑水道、香蕉船、水上摩托車和拖曳傘。

伊塞克湖顛覆了我對於湖的認知，每見一次就想讚歎一次，明明是婉約的湖水，卻混搭了奔放的沙灘，還有眾多俄羅斯人在此度假。

清澈透明的湖水，唯有一鼓作氣跳進去，才抵得住那透心的冰涼。我迫不及待嘗了一口湖水，味道微鹹，像是乾淨的生理食鹽水，這座鹹水湖的鹽度只有海洋平均鹽度的六分之一左右。浸泡在伊塞克湖裡，沒有大海的黏膩，像是沐浴般舒適，我更傾心「熱海」這個名字。

離大海最遠的中亞，也公平擁有大海和沙灘的具象，湖水流深成一片汪洋。在我心目中，是湖與海最完美的融合比例。

試想一下，當海不具有氣味，拂面的薰風變成清風，海浪激不起浪花，海聲不帶哽咽的沙啞，你也想一親伊塞克湖的芳澤了嗎？

西元六三〇年玄奘造訪伊塞克

明明離海洋很遠，上天
卻恩賜偽沙灘大海

湖是什麼模樣？《大唐西域記》如此描繪大清池：「洪濤浩汗，驚波汩急，龍魚雜處，靈怪間起。所以往來行旅，禱以祈福，水族雖多，莫敢漁捕。」

一千三百九十年以後，我望不見玄奘描述的險惡和驚濤駭浪，也許我恰巧遇上它溫婉的模樣。自己的世界，自己眼見為憑，我只領略了它的萬種風情之一。

#無人機魂斷樹巔

伊塞克湖南岸能繼續遊覽天山峽谷的奇美。是的沒錯，這裡依然屬於天山山脈盤據的範圍，新疆只占了天山三分之一，山脈持續蔓延至吉爾吉斯直抵烏茲別克，最高峰也在吉國境內，著名峽谷有童話峽谷（Fairy Tale Canyon / Skazka Canyon）和七牛岩（Jeti Oguz）。

天山峽谷那麼多，唯童話峽谷最讓人抽離，明明身在峽谷，一轉身就是渺無邊際的大海。上一次有這種感覺是台東長濱的金剛大道，站在山與海貫穿的中心，同時擁有地平線和海平面的美景。

童話峽谷就像披上夕陽色澤的的赤紅岩層，像極了溫宿大峽谷，氣勢沒那麼壯美雄渾，但岩型銳利。最讓我讚歎的是一片神似萬里長城的陡坡，兩沿有牆垛般的岩石，我們小心翼翼攀到制高點，眺望一旁湛藍的伊塞克湖。

沿著伊塞克湖南岸續行，來到另一個著名景點七牛岩。滿布針葉林的群山中，一大片紅色砂岩的裸露峭壁矗立著。我們眉頭深鎖地來回端詳崖壁，「七頭牛」意象走得

童話峽谷懸空陡峭，
有如萬里長城

天山山脈的著名景點
七牛岩

太前面，沒人看出端倪。

每當以為舒服地置身天堂，就會一瞬跌入地獄，我的人生總在波峰與波谷之間搖擺和震盪。這趟旅途第一次椎心重擊，像一道閃電轟然落下。

我放無人機拍攝峽谷景觀，因操作不慎，無人機卡在高聳的針葉林上，螢幕畫面顯示為林梢，電力尚存八十％。我循著GPS定位點衝去，失事地點位於森林內。

我拚了命攀上毫無路跡的陡坡，像是理智斷線的綠巨人浩克。靠近定位點周圍十公尺時，無奈怎麼繞都在外圍，進不去核心區，我拚命仰頭，用火眼金睛搜尋。

我既著急又喪氣，無法從高聳的針葉林裡找到任何一絲無人機的身影，情緒愈來愈慌亂，身體開始顫抖，這才驚覺自己的雙腳踩在滑動的斜坡上，周圍沒有穩固的踩點。

我突然一腳踩空，整個人失重向下滑墜，幾秒鐘的下墜裡只剩飆快的心跳聲。突然，我的左腳撞到一顆石頭，卡住滑動，右手臂順勢攀住一棵樹，抵住身體。幾秒鐘回魂之後，無暇理睬手臂的擦傷，我使勁喚著：「無人機你在哪裡？拜託你快點現身！我才走到第二個國家，不要這樣離開我！」

我一直維持著遙控功能，深怕斷了連結，一個人痴傻的在林下左顧右盼，壓根忘了有閃燈和鳴叫的尋機功能，只要按下就能讓無人機現蹤。更傻的是，我沒有把握電力充足，下載記憶卡內所有影片。

我喋喋不休地禱念，期盼奇蹟

降臨——颳起一陣狂風，吹落機器；飛來一隻禽鳥，啄落機器；跳出一隻松鼠，抖落機器，各種神來一筆都好。

直到電力耗盡至一％，神祕力量還來不及趕到，當手機顯示連結中斷，有如心電圖崩塌至水平直線，我的心臟跟著失速下墜，崩毀的情緒凝成滑下臉龐的淚。

我仰頭向樹梢大喊「對不起！對不起！對不起！」，目送無人機的離開，沒能帶它走完整趟絲路，沒能帶它回家。從今爾後，我的天空不再有肆意奔赴的投望。

#最痛的失去，是夢裡禁見

往後三天，我都沒有夢到無人機，沒能跟它道盡「再見和抱歉」，我知道它一直在那裡等我，我卻無能為力、無力回天，放生它在優美又壯麗的凌空處樹葬。

我多麼渴望在夢裡見上最後一面，欲蓋彌彰的自欺欺人都好。有一種痛，是在夢裡被禁見，連作夢的聯繫都被斬斷，自此一生一死相隔兩茫茫。

也許有人難以理解我到底在痛什麼，不就是掉個東西，在那邊「痛苦痛悲痛心痛恨痛失去你」，Come on，東西掉了，再買不就好了。

我確實想再買一台無人機，可惜中亞沒有販售。委託菲姐找代購商人，最快速的是找人從烏魯木齊搭飛機到吉國首都交貨，但必須加上暑期高額的來回機票，我也就打消了念頭。

從小我的個性就多愁善感，極

無人機卡在樹梢慢慢睡去，
我的心在樹下失速墜毀

易感知、感受、感動和感慟，善於憐憫和同理，如水般容易被撩動，卻久久難以平靜和平復。不是每個人都能輕而易舉地讓悲傷止步，我大可把自己武裝得很瀟灑，雲淡風輕用幾句話帶過整起事件，但我不想故作堅強，也不想對這段經歷虛與委蛇。

我只是芸芸眾生的平凡人，同樣會恐懼、會悲傷，敢投身於這條漫漫長路，不代表遭遇劫難時不會苦痛。我真正難過的是，接下來失去了空拍視野，又無力買到一台新的無人機。

脂粉未施的健行天堂

吉爾吉斯號稱中亞的瑞士，熱愛登山健行的人絕對不容錯過。吉爾吉斯是脂粉未施的純淨瑞士。

眾多健行路線中，備受歐美登山客推崇的是阿爾金阿拉善（Altyn Arashan），我們加碼去阿拉庫爾湖（Ala Kul Lake），以三天兩夜往返，和頌湖一樣。吉國的夏天，美好到可以待滿一整個月！

大批外國遊客於卡拉科爾（Karakol）整備入山。前往阿爾金阿拉善有三種方式，搭乘大卡車、騎馬或徒步，我們選擇徒步以完整感受十五公里的山林美景，約五到六小時可抵達終點。

開闊的峽谷，鑲嵌筆直的針葉林，起伏青綠的草坡，一條清澈冰涼的河流奔騰而下，美好得恍若行走瑞士山林。

阿爾金阿拉善的終點是一片群山環繞的谷地，不遠處有一座高高聳立、高達五千兩百八十一公尺的雪山卡拉科爾峰（Karakol Peak）位於中軸線，一幢幢氈房緊鄰著河畔，我們像是闖入深山隱士的家園，陶淵明的桃花源就該是這個模樣。

登山有時無法洗澡，蓬頭垢面得很，阿爾金阿拉善最讚歎的就是有溫泉，而且每家青年旅館都有。我在半小時時限內完成了洗澡和泡湯，雖然有點趕，熱水澡超舒爽啊。

吃晚餐時，整間登山客聽到我們隔日打算當天往返阿拉庫爾湖，紛紛驚歎：「Good luck to you」，

阿爾金阿拉善是可以泡溫泉的健行天堂

大多登山客都騎馬到山腳下再攀爬，或是健行到山腳下的氈房住宿，隔日再攀登上山。

我們戒慎恐懼，背負單攻會踢夜路的裝備如禦寒衣物、頭燈、行動糧、熱水，日出即出門，日落後返回，費時約十小時。

一整天雨勢不斷，我們沿溪穿行山谷間的草原，接連漫無止境的緩坡，最後抵達山腳下，再攀上海拔三千九百公尺的阿拉庫爾湖展望點，高度和玉山差不多。

最後一哩路是鋪滿冰雪的碎石陡坡，每步都致命和驚心，往上登一步就後退半步，尤其是冰雪覆蓋區，雙腳滑到難以著地，手腳需要並用，我幾度覺得命懸一步。

登上制高點，一覽阿拉庫爾湖全貌，一潭碧綠的湖水，猶如水庫的水色，並非陽光灑落的湛藍粼粼，但我心願已足。

下坡更加危險，我失算了只穿越野鞋，沒穿登山鞋，若在結冰又無抓地力的陡坡上一不小心滑倒，不是擦傷就是扭傷，好在最終順利地平安返回。

浸泡在溫泉池內，我的腳已經不是自己的。蘊含礦物質的水能消除疲勞，邊泡邊按摩，實在是人生極享，所有的疼痛和煩憂，也都被熨貼著心的暖流給療癒了。

走一步滑半步，
冰封的碎石陡坡

阿拉庫爾湖，遼闊
又寧靜的大美

讓月光晒乾思念的眼淚

又到了月圓的夜晚，鼾聲大作的青旅六人房，轟炸著我獨醒的寂寞。灼灼月光映在白牆上，掀起一片片白色氤氳的思念，再消融為白皚皚的潮水，一波波襲來。

不思量，自難忘。不管我睜開眼或閉上眼，浮竄的、縈繞的都是她。

坐起身，我刷亮了手機，微弱的網路訊號扼殺了遠望，她的頁面依然終止在多天以前，再怎麼用力刷，也連結不上她的現在。

我回溯相簿，滑出一幀幀被時間逐漸深埋的相片，翻閱我們走過的天涯海角，照片裡的她笑得很甜，記憶裡我們還好好的，要出行的前幾天到底怎麼了，讓我們斷成了天涯兩端。

對不起，我割捨了妳的依賴。眼角殞落下追悔，直到浸溼的螢幕再難以滑動。我摀住顫動的哭喘聲，躡手躡腳爬下床，顧不得沒穿鞋，踮腳快步離開寢室。

身體靠在門廊外的冷牆，緩緩滑落坐地，腳踩著地磚的沁涼月光，我再也無法逞強，雙手牢牢抱緊著頭，不堪思念轟襲而潰敗嚎哭。

我牽起妳手的那一刻，
彷彿點亮了天際的絢爛煙火。
我們在京都繁櫻飄落的長堤，
緊握著溫熱的手心。
我們凝望著艾菲爾鐵塔，
在燈光熄滅前深情相擁和相吻。
曾經每周搭高鐵雙向奔赴，
以為有愛就沒有距離。
曾經比過大大小小的運動賽事，
以為妳都會在終點等我。
曾經騎機車穿越烈陽和冰雨，
以為抱緊就能抵達永遠。
在這被月光灼傷的夜，
妳遺落在茫茫人海，
我一步步揚塵流放到遠方。
離我最遠最遠的，
不是絲路的終點，而是妳。

#愈夜愈清醒？愈沉淪？

黑夜，才能顯現光的耀眼，才看得清楚必須抵達的遠方。

學生時代不解，古人愛把月亮當作傳情達意的對象，寄月感懷，尤其是熱愛詠月的李白，畢生關於月亮的詩高達三百多首。

漫長的絲路之旅中才慢慢明瞭，月亮是漫長黑暗裡唯一的憐憫和超越，能寄予我的千頭萬緒，照徹我的落寞，排解我的哀鳴，滋潤我的心靈。

當我們居住的城市太繁華，天頂懸掛的銀盤再怎麼拚命發光都嫌黯淡。異鄉的明月卻像遊子寄託的海岸般，捲起萬頃思念的潮汐，擊裂漫漫黑夜，直至詠涕泗漣。

月光讓思念無邊腫脹，脆裂了故作堅強的面具，原來距離不會緩解痛楚，時間不會癒合傷口，她未如沙漏一點一滴被帶走，一切如未曾改變。

我努力地度過寂寞，努力地昇華懦弱，她依然沒有從心頭褪色，愈想割捨，反而愈捨不得。我不知道還要多久才能放下她，放下思念。

感謝她成全了我獨自漫長的絲

路流浪，感謝她在我歲月洪荒的沖積平原留下強悍的沃土，感謝她在我一事無成的青春，留下燎原的星火。

我和她真誠地愛過、痛過、經歷過，就值得了。我該清醒了。

層層考驗出關去

找尋旅伴，充分的行前溝通很重要，理解彼此的旅行模式，告知旅程喜好和目標，盡早發覺彼此的歧異就能減少事後的摩擦或爭執，協商出符合彼此期待的行程。

旅伴間難免吵架，因為每個人成長環境、興趣喜好、體能狀況都截然不同。差異有時會變成互補，拓寬各自的眼界和選擇，讓行程充滿新奇體驗和未知挑戰；有時會變成互相傷害，一旦歧異無法統合，就會有一方被耽誤而留下遺憾。

老王的旅行屬於窮遊式流浪，他覺得旅行就是在穿越和流動中實踐，他也樂於走入當地人民的生活，了解城市街道的輪廓，感受市集的喧鬧，不一定要去收費風景區或博物館，路過也是一種真實經歷，因此他去了西安沒看兵馬俑、去了敦煌沒進莫高窟。

老王常常一副看破塵世的語氣：「你不覺得世界遺產的門票很坑錢嗎？」我不太苟同的回應：「世界遺產具有特殊性、保護性和教育性，門票當然不會低，風景區總要經費維護文物和學術研究，支付人事成本和維運接待設施，只有台灣的門票才那麼佛！」

我和老王對於旅程的規畫一直存在著顯著差異。我的目標和行程十分清晰，大多會超前部署做好功課，老王對於一切皆持開放式態度，心裡則有一條難以明說的路線，隨時都在滾動式修正。

自從頌湖騎馬的願望落空，我企圖理出兩人搭配的最大公因數。

我的旅程規劃是不斷向前兵推，不時找旅伴預演和討論，最麻煩的簽證和進出關都會先擬好應變策略，老王的想法卻始終飄忽不定，一派閒雲野鶴，統統都到時再確認。我們走在同一條路上，有時連明日行程都未有基本共識。

我像在玩大地遊戲，明知任務為何，也預演過如何闖關，卻總無法及早迎戰，每每搞到處處碰壁或事與願違，最後有驚無險度過。也許老王要教給我的功課，就是要在旅途上更鬆弛、更無為。

到了喬爾蓬阿塔（Cholpon Ata），我們開始分進合擊，改採自由行模式，我一個人去逛文化園區，老王去湖邊玩水，晚餐時間再相會。

旅途上的各自安好，也許是我們的旅伴模式。

#八釐米電影質感的火車

結束伊塞克湖的遊程後，我們原先預計直接搭小巴回比什凱克，老王卻拋出了搭火車回首都的提議，據聞票價超便宜，是當地居民和窮遊背包客的最愛。

我算了算剩餘的簽證，加入火車和移動到邊界口岸，極可能出關會壓線最後一天，為了實踐旅伴的願望，固然憂慮，姑且一搏吧！

公路上任何一輛汽車都比火車快，搭汽車約莫兩小時內就能回到比什凱克，火車搭了快五小時，票價七十 Som（約台幣三十五元），確實是不可思議的便宜。

吉爾吉斯的火車外觀保留蘇聯時代的塗裝，看上去像極了中國綠皮車，車廂內一側硬臥，一側硬座，車窗上緣能打開小縫透氣，是整條大絲路上我搭到最古早味、最緩慢的火車，像被時代冷落的老叟，不醒目、不利索、不強悍，卻承載過幾代人的夢想和離合。

原先猜想適逢周日人潮會爆滿，想不到車廂異常空曠，我們與沙灘上結交的三位十六歲青年獨包一整列車廂，忙著玩撲克牌、學習俄語、吟唱俄語流行歌……晃過三小時後，他們在托克瑪克下了車。

當黑夜和安靜襲來，規律搖晃的振頻，叩響了睡意，老王在床墊上酣睡，我彷彿進入八釐米底片的電影場景，浮動著膠片顆粒的質感，畫面帶著刮痕和霉斑，不時有閃爍和晃動。

公路上大貨車呼嘯而過的遠光

老火車像是被時代冷落的老叟，曖曖內含光的盡顯韻味

燈，刺眼又意氣飛揚，敲醒了時代的落差，萬般悵然油然而生，彷彿只要一下車離開，就糜碎了舊時代。

上一次搭長途火車是在中國境內，同樣五小時的移動距離，有著天差地別，那邊的故事已經遠到如上個世紀的南柯一夢。

再次回到首都比什凱克，一樣親切和舒適，一座讓人鬆弛到如棉花糖般的大城。

#離境一波多折

簽證要到期了，老王又比我早一天，得趕緊直衝邊境口岸奧什，那是踏入吉爾吉斯的起點，也將是終點。

返回的路途長達十三個小時車程，蜿蜒在崎嶇的漫漫山路，昏睡了幾輪，只有耳機裡的音樂能帶我暫時遁逃。華語音樂是我最好的精神毒藥，也是最忠實的旅伴。

半睡半醒間還能掉進熟悉的流年，好友們彷彿沒有離開太遠，仍在身邊喧鬧，每每一醒來，來不及回味，就要確認行程，肩負背包繼續前行。

我們要前往的下一個國家塔吉克是中亞五國裡最落後的，背包客一般都是跟團，從吉國包車進塔國玩，行程最後結束在首都杜尚別。

我們只剩一天要找到旅行團，主要是老王的簽證隔天到期，我再晚一天。我老早打聽好價格實在又出團率高的 Osh Guesthouse，打算直接前往，不按牌理出牌的老王卻出了個「鄉村包圍城市」的主意，先走訪其他家旅行社打聽行情，摸透底價後，再進攻主要目標。

等我們問完一圈，下午抵達 Osh Guesthouse 時，晚了一步，上午原先有一團尚差兩人，到了中午湊齊滿團；我們到旅行社關門前都找不到另外兩位夥伴，礙於兩人的團費價格太高，只能忍痛放棄。

我們太輕忽過邊界了，可以說我們不夠幸運，也能說不夠慎重。我們只有兩個人，想節約旅費就得拿時間來換，包車或參團一定要預留兩天時間募集人馬。如果我們有四個人，剛好包一車，想多任性安排都沒問題。

無法用最安逸的方式玩塔吉克，我們只能隔天一早去大巴扎問看看 Shared-Taxi，一般要滿六人才會發車，難度頗高，能不能順利離開吉爾吉斯，明早見真章！

翌日，整個大巴扎的司機都沒有塔吉克護照，只能載我們到邊界丟下，據說邊界沒有包車，之前有個外國女孩等了三天，最後選擇徒步出發。

問了一圈後，有一位司機來自塔吉克，保證能載我們進去塔國，並送到穆爾加布（Murghab）。我們在青旅撿了一位德國佬保羅，商談到一人一百五十美元的車資。

一般包團玩塔吉克七天的價格是九百到一千美元，四人團一人約兩百五十美元，我們一天包車就高達一百五十美元，真的是沒有其他後路的唯一選擇，只求順利出境，不然超過時間被海關刁難或勒索，將是場無妄之災。

在巴雷克奇搭火車前，
玩了人體噴射滑水道

頌湖的時光，在記憶長河煥發不滅的柔光

一踏出氈房，直抵明亮的銀河深處

雪山下的伊塞克湖，海與湖的完美比例

媲美瑞士的阿爾金阿拉善，終點是一片群山環繞的谷地

驛站三

塔吉克

驚心的帕米爾高原

塔吉克為絲綢之路的重要廊道，其中穿越的帕米爾高原，中國古代《山海經》中被稱為「不周山」，漢朝以「蔥嶺」相稱，唐朝出現了「帕米爾」之名，到了清朝，帕米爾泛指整座高原。

帕米爾高原，有人稱為「世界屋脊中的屋脊」。青藏高原是全世界海拔最高的高原，由於量體龐大，涵蓋了各種地貌，而清一色以高山為主的帕米爾高原，平均海拔高度更高，就像是頂樓上拔高的閣樓。

這也是絲路最艱險的一段，千百年來無數亞歐商隊經此崎嶇前行，只有極盛的中原王朝才能掌控此樞紐，就像西漢、大唐和清朝，皆納入疆域。

塔吉克的簽證算是中亞五國裡快速又便利的。若要造訪帕米爾地區，申請電子簽證（e-Visa）時，可一併申請帕米爾地區ＧＢＡＯ許可證。

另一方面，塔吉克是中亞五國裡土地面積最小、最窮的國家，國土面積十四．三一萬平方公里，人口約九百三十一萬七千人，高原和高山占了總面積九十三％，可耕地不到七％，加上經歷五年內戰摧殘，更是窒息了塔吉克的發展。

塔吉克是勞務輸出國，二〇一九年有八十萬人在國外務工，其中主要在俄羅斯和哈薩克，勞工賺取的外匯占國民生產總值（ＧＤＰ）達三十二％。

整條絲路，最破碎、孤寂又溫

暖的國度非塔吉克莫屬，帶給我感官最擾亂、心靈最震盪的故事，人情濃厚到難以忘懷，也不捨告別。

#置身太空的壯闊孤寂

帕米爾公路，海拔高度盤旋在四千至五千公尺之間，路旁是泛黃的草甸，遠方聳立皚皚雪峰，一路原始且蠻荒，穿行其中愈久，愈是縹緲得悲從中來。環境如此惡劣，人難以孤傲苟活，讓此地從古至今都是絲綢之路上最艱險的節點。

歷史上第一次記載「帕米爾」一名稱的是玄奘，意即高山中的平緩高原或河谷，這種地形被稱作帕米爾（pamir），是牧民的夏季牧場。清朝全盛時期，帕米爾高原全境為中國管轄，將帕米爾高原分為「八帕」，每個帕是一個大型河谷，把最大的八個河谷列為八帕，如今八帕只剩下一帕「塔縣」屬於中國管轄。

帕米爾在塔吉克語為「世界屋脊」之意，帕米爾公路（Pamir Highway）為世界海拔第二高的跨國公路，稱為「M41號公路」，編號由蘇聯所訂，橫貫塔吉克由東到西，主體部分由蘇聯修建，目前大部分路段仍是砂石路面，一般認為路線從吉爾吉斯的奧什到塔吉克的霍羅格之間，全長約七百二十八公里。

開車一整天的海拔落差相當劇烈。從海拔高度九百六十三公尺的奧什一路攀升至海拔四千六百五十五公尺的白馬山口（Ak-Baital Pass），亦即整條帕米爾公路的最高埡口。靠著一早預防性服用的高

帕米爾公路的最高點白馬山口，海拔四千六百五十五公尺

山症藥物，我安然度過。

公路愈走愈破碎，最耀眼奪目的是「Kul」，也就是湖泊。卡拉庫爾湖（Kara Kul）就是沿途最美景致，那抹湛藍就像一眼絢爛的流星，轉瞬又歸於盛大的寂寥。

卡拉庫爾湖為塔吉克最大的湖泊，由距今兩千五百萬年前的一顆隕石撞擊地球時形成，湖水非常鹹，被稱為「中亞的死海」，湖畔能眺望列寧峰，與新疆的慕士塔格峰並列為世界最易登頂的七千公尺入門首選高山。

行進十一個小時以後，我們在傍晚時分抵達海拔三千六百五十公尺的邊境小鎮穆爾加布（Murghab），塔吉克最高城鎮，也是蘇聯時期的最高城鎮，街道燈光黯淡得匪夷所思，讓人看不出這個城鎮的規模，難道這裡不如我預想中繁榮？

老王和保羅請司機載我們去最便宜的旅店，大多是家庭經營式民宿，我則找了另一家背包客介紹過的民宿，旅店標註有 Wi-Fi，既然晚上沒得辦電話卡，可以上網也不賴，還能蒐集跟團資訊，結果測試了一夜，網路沒有連上過。

#你有你的路

一早，天際蔚藍，高海拔的陽光清澈強烈，打亮了布滿床毯的房間，彷彿回到青藏高原的錯覺，我喜歡日光滿室的醒腦透亮。

但我和老王分住不同旅館，我們又尚未取得網路通訊能力，要如何聯繫和集合，難道就此分離了嗎？

民宿位於穆爾加布小鎮旁的小丘上，一踏出門就能展望小鎮全景與慕士塔格峰，此鎮地勢平坦，穆爾加布河橫穿而過，與帕米爾公路交匯。

穆爾加布是個通往中國邊界的小鎮，長途汽運是貿易物流的主要運輸方式，往返新疆喀什約一千多公里路程，來回一趟約七到十天，貨車司機大多會在此休息或住宿。

今日有兩個目標，第一是買到電話卡，方便聯繫老王，維運社群平台和規劃後續行程，第二是找到去瓦罕走廊的旅遊團。

塔吉克沒有客運，旅遊只能選擇包車，旅遊路線是循著瓦罕走廊，體驗古絲路文化遺跡，前往帕米爾地區最大城市霍羅格，最後進首都杜尚別。一般都是從上一個國家吉爾吉斯包團，但我已經錯失了先機。

前往霍羅格有兩條路線，一條是倚著邊境的瓦罕走廊，另一條是M41號公路，中塔貿易的大貨車都走路況好的M41號公路，瓦罕走廊路況差又險象環生，前往的皆是旅遊包車。

我的旅遊主題是大絲路，不可能不走最經典和最驚險的瓦罕走廊，況且我還要寫書，大景點都得去到才有故事可說，往後開團帶路才有素材可以推廣。

我往小鎮裡房舍集中的巴扎晃過去，店面全尚未開張，正在苦思沒有收訊要如何聯絡老王，就在電信公司門口遇上了他和保羅，我們不約而同要來買電話卡。

巴扎裡遍尋不到旅行社招牌，也沒有排班車輛，我們決定去附近的大型旅館 Pamir Hotel 詢問，前台服務人員拿出白紙和筆，細心寫下包車途經的景點和行程，以及價格，幫我確認近期的出團狀況。

大堂一片喧鬧，電視放送著足球賽，老王和剛下榻的兩位香港旅者搭上話，詢問塔吉克的旅遊概況，過了一會兒在我身後說：「我和保羅回去拿行李，路邊攔車就先出發了，你和這組香港人聊看看，說不定可以搭便車！」

我轉頭一臉狐疑，連忙應了聲：「好唷，你先忙，有什麼狀況再說！」前台服務人員說，這兩天都沒有遊客預訂，照目前狀況評估，發車幾乎無望。

我難掩落寞地轉過身，目光掃了一圈，大堂裡已看不到老王和保羅。我沿著馬路往他們的住宿處走，卻不見他倆蹤影。

攔車的最佳組合是兩人以下，三人較有難度，所以老王沒有約我吧。再來，我得確保瓦罕走廊能夠完整遊歷，若走一步算一步的攔車，目的地由多段順風車拼湊而成，耗費時間難以掌控，又可能錯失不順路的風景區，不符行程規劃。

但我還來不及好好和老王說聲「再見」或「路上見」，甚至沒有拍攝最後一張合照。也許我早就預料有一天會分離，卻從沒想過情境會如此窘迫。

我像被當頭棒喝的失防，暈眩到難以醒覺，老王就這樣離開了我。數著從新疆一路相處和扶持的日子，轉眼也四十五天了，是我人生相處最久的旅伴，友誼的重量再重，依然一瞬就被捏碎，讓我難以招架的失速墜落。

最初想找旅伴，就是因為塔吉克這一段旅行條件最艱難，我需要旅伴包車一起走，遇上任何狀況都有人能幫忙，不會一個人消失在世界的角落，偏偏造化弄人，在我最需要旅伴的國度開了地動山搖的一槍，狠狠將前路炸為烏有。

我獨自在路上走著，傾斜的陽光刺澀著肌膚，我拿起 GoPro 按下錄影鍵，試圖陳述鬱悶的心情，卻鼻頭一酸，眼眶中的淚奔騰而下，幾度難以言語，錄下了碎裂卻佯裝堅毅的自己，強烈的陽光將浸溼的眼角打得閃閃發亮。

老王振手急揮，在放飛自我的路上愈走愈遠，我卻鍵停弦靜，不知道下一步該何去何從，彷彿夏日嘈雜的蟬鳴瞬間瘖啞無聲，秋日泛黃的樹梢瞬間被狂風掏空，只剩下「噗通～噗通～」侷促的心跳聲，迴盪著、轟炸著。

每當身旁一輛車呼嘯而過，我心頭就會揪一下，也許老王已經攔到車了，開啟新的冒險旅程，他們已經遠離這座邊陲小鎮，我卻像隻脫隊的孤雁，在蘆葦叢裡乾澀的哀嚎。

旅伴放生我了。這是老王第二次先走，為何我會把自己弄到這步田地？想走的瓦罕走廊該怎麼接續？我的絲路旅程斷送於此嗎？乾脆走邊界回中國結束行程？

#燦爛陽光是天可憐見的療癒

我破防了，構築的旅遊版圖被

最貧窮的國度，最難的路口

擊碎，一塊塊分崩離析，一顆顆亂石殞落刺入我的心臟。我努力逼迫自己冷靜，卻清晰感覺到密如蜂巢的扎痛。我還是那個多愁善感的孩子，縱然已經給了自己那麼多挑戰和鍛鍊，猝不及防的事與願違，我的心還是會痛，瞬間無法消受。

突然，我意會到每一種情緒的湧動都是自然而然的，不該有好與壞的分別，此刻的痛、此刻的迷惘，皆是一種人生滋味，我不該執著，也不該沉溺。

每個人的情感和情緒都有各自的張力，有的來勢湍急，閾值高到一時難以負荷，我該多一點耐性，做好水閥門開關的工作，讓它登入和登出，而長大成熟的定義，就是讓這個過程愈來愈短，盡可能做到快速通關。

我回到旅館大堂，失魂倚著窗，玻璃靜靜遞送著高原陽光的溫熱和明耀。我突然想起歌手李歐納·柯恩（Leonard Cohen）〈讚美詩〉的歌詞，「萬事萬物都有缺口，缺口就是光的入口」。

就算置身黑暗，也不該讓恐懼無限擴大，不該懷疑或貶抑自己。我要趕緊打開窗，讓光射進來，讓空氣對流，才能撥開迷惘的塵霧，融蝕妄想的恐懼。

原來，我如此害怕一個人走大絲路，愈是千方百計想找另一個人陪同，命運的鍘刀愈是無情地斬斷了所有連結，非得褪去我最後的保護色，一個人也能安然前行。

這不過是老天贈與我的一道考驗，測試我的決心有多強，考核我承受失控的能力有多強，張騫、法

整條絲路最難的一刻，只有我可以做自己的太陽，成為那一道照耀自己的光

顯和玄奘的年代有更濃更重的迷霧，二十一世紀有導航和網路資訊輔助的我，是在難什麼?!

我哼起邱振哲的〈太陽〉。

我只想做你的太陽
你的太陽
在你的心裡呀
在你的心底呀
不管是多遠的遠方
不要害怕我在身旁
想做你的太陽
你的太陽
在你的心裡呀
在你的心底呀
就算不能在你身旁
也要奮力為你而
發光

原來，只有我可以做自己的太陽，只有我能帶自己到天涯海角，不管再孤單，都不要害怕，至少還有我！

世界的本質是渾沌和未知，我們太急於釐清未知，以至於過分執著，導致自己裹足不前，侷限眼前的選項，設限未來的發展。

我很喜歡意公子說的這段話：「當我們願意去，擁抱那個未知，甚至成為那個未知的時候，也許我們就會得到，來自生命的那一份餽贈，那份最大的自由。」

將未知當作數條可前往終點的道路，原先預計的這條路不通，該做的是換一條路走，竭盡所能繼續前進。眼前並沒有懸崖，只要心安穩了，就能迫降返回地面。

老王幫我關上一扇門，無形中也幫我開了一扇窗。

上午老王搭訕的那組香港背包客，兩個人包一輛車，一路都覺得自己像土豪，我回到 Pamir Hotel 後，約了他們一起吃晚餐。打算透過晚餐了解彼此狀況，以及對於旅行認知和行程安排，確認能一起走之後，再討論行程和費用。

原以為會很嚴肅的會談，想不到一聊起來就沒完沒了，確認了彼此合拍。新旅伴是來自香港的 Jones 和 Eon，二十五歲工程師，外文都超好，感謝他們收容，讓我有驚無險地無縫接軌。

萬無一全的瓦罕走廊

雋永的美，往往帶著巨大的憾痛，就像難逃戰火和掠奪的圓明園、敦煌、巴比揚大佛，還有眼前的瓦罕走廊。

一般看世界地圖往往覺得，阿富汗位於亞洲中西部，並未和中國接壤，但地圖的比例若放大，就會看到阿富汗像伸出了一隻細長的手與中國邊界相連，而這條狹長的地帶，正是瓦罕走廊。

狹長谷地瓦罕走廊位於帕米爾高原南端和興都庫什山脈北段之間，全長約四百公里，其中位於阿富汗段長三百公里，另外一百多公里屬於中國境內，最窄處僅十五公里，最寬處約七十五公里。

瓦罕走廊平均海拔四千公尺以上，自然環境非常惡劣，每年除了六月至八月，均為大雪封山期。

#無盡的破碎歎息

整條絲路廊道中，最富神祕色彩、最破碎與最孤寂，就數瓦罕走廊。穿行在漫長又杳無生機的夾縫地帶，軋過未曾馴化的礫石路，揚起繚繞的掩面塵屑，這裡彷彿被國家遺棄，抑或被埋進時代的縫隙，連一縷孤魂都不願在此容身。

M41號公路走到噴赤河谷時最險象環生，一邊是峭壁，一邊是懸崖，砂石路面顛簸又狹小，只容一車經過，又驚又險，震得我一路清醒，也被晃到想吐。

不論怎麼改朝換代，邊境的邊野終究會被冷落和忽略，夾縫處注定就是一道深不可測的傷疤，覆滿

瓦罕走廊彷彿被遺棄、被遺忘，迴盪著支離破碎的心碎

千瘡百孔的哀鳴。破碎有破碎的美，就像青瓷上綻開的冰裂紋，鍛造了獨特的殘缺之美。

噴赤河（Panj River）是原中華民國的法定領土之極西點，最初從地圖上看到這名字只覺充滿爆發力，是一條先聲奪人的奔騰大河吧，就像高原上的雅魯藏布江浩浩湯湯？

親臨現場才發現噴赤河和諧婉約，靜默撐出了塔吉克和阿富汗的國界。噴赤河的上游離阿富汗只有幾步之遙，只要輕輕鬆鬆跨越河道就進入了阿富汗，兩岸盡是貧瘠荒野，留不住人。

噴赤河的河面隨著海拔降低愈加寬闊，村莊也漸漸多了起來。村裡遍布蓊鬱林木，由此望向對岸的阿富汗村莊，人們在田裡耕作，孩子在河岸嬉戲，一派寧靜安詳，阿富汗的東北部由北方聯盟控制，相對安全穩定，有別於印象中阿富汗戰亂的環境惡劣。

#遍尋最後的佛教痕跡

中亞一度盛行從印度傳入的佛教，瓦罕走廊為繁華的古絲路廊道，布滿了佛寺、民居和城堡，隨著十六世紀伊斯蘭教傳入的改朝換代、考古學家的掠奪，佛教只剩下遺跡，精確一點說，殘跡。若以佛教之名探勘古絲路，僅剩遙想和不勝唏噓。

薇朗（Vrang）村莊的小麥田旁，登上裸露的山丘後，有兩座石砌佛塔，推測建於六世紀，一座僅存基座，另一座保存良好，佛塔頂部有一塊刻有佛陀足跡的石頭。

薇朗村莊的石砌佛塔，佛教遺跡在絲路上是聲聲歎息

固若金湯的山上堡壘
延充堡

當初為了保護商隊免受盜匪劫掠，絲路廊道上建造了大量堡壘，延充堡（Yamchun Fort）是塔吉克所有堡壘中保存最好的，建於噴赤河旁一座拔高的小山上。堡壘依山勢蓋成三角形，清楚可見兩層城牆遺跡，以及屹立不倒的圓形塔樓，臨河谷側為天然屏障，另一側為易守難攻的陡坡。

從公路上望去，延充堡像一座空中城堡，矗立在層層雪山之前。堡壘上的視野極佳，能俯瞰瓦罕走廊的寬闊河谷，瞭望阿富汗的興都庫什山脈。

瓦罕走廊有兩處必泡溫泉。延充堡附近的比比法蒂瑪溫泉（Bibi Fatima）是一般旅行團的順遊景點，司機一直說會帶我們去泡，想不到後來自行省略，帶我們去他心中最推崇的伽拉姆．恰希瑪溫泉（Garam Chashma），等我們發現遺漏一處溫泉沒去時，已鑄成遺憾。

在此奉勸，即便和司機相處融洽，依然要公私分明，前一晚務必拿出行程表確認隔日景點，了解交通路線和時程安排。不厭其煩的精準溝通，不時提醒確認，有助於減少認知差異的失誤，或避免百密一疏的遺漏。

伽拉姆．恰希瑪溫泉被封為塔吉克最好的溫泉，曾是蘇聯時期的療養院，外觀是一座白色的石灰華階地，堪稱迷你版的土耳其棉堡，由富含碳酸鈣的溫泉水沉積鈣化，就像在棉堡旁開鑿了溫泉池。噴泉口位於岩石頂部，後來我們泡完湯後爬上去探源，每秒可噴發五至七升熱水，再循水道分送至兩個池。

伽拉姆．恰希瑪溫泉堪稱迷你版的土耳其棉堡

泡湯為全裸，我們泡了大概十五分鐘，在場的男性叫我們上來，我們以為到了清場時間，還在岸邊慢慢摸，突然一群地方媽媽蜂擁而入，像觀光客般拿著相機四處拍照，我驚嚇萬分，原來男女泡湯時間是一個半小時交錯一次。

伽拉姆．恰希瑪溫泉是瓦罕走廊讓我最放鬆的景點，躲在白色的洞穴裡，沐浴暖暖的溫水，仰望著藍到彷彿不屬於塵世的藍天。

#勇闖戰爭前哨阿富汗

伊什卡希姆（Ishkashim）是座緊鄰噴赤河的邊防小鎮，人口約兩萬餘人，設有通往阿富汗的口岸，兩岸的地名同為伊什卡希姆，堪稱塔吉克和阿富汗雙胞胎城鎮。

這裡最特別的是每周六上午的邊境市集，兩國人民在此交易日常用品，遊客不用壓護照、不用看簽證就能逛。由於塔利班和北方聯盟近期交火爭奪地盤，邊境口岸和市集全數關閉，情勢肅殺且緊張。

司機 Shaydo 指出，塔利班會去炸大眾交通工具，或是夜裡潛伏進入旅館，無差別掃射殺人，專挑美國人和中國人綁架，以向該國政府勒索贖金或做為談判籌碼，最好能登上國際媒體版面，鬧愈大愈好。

兩位香港旅伴早就準備要去阿富汗邊界玩兩天一夜，並已申請二次進塔吉克的簽證，我中途加入準備不及。我太過隨興，沒有仔細確認夥伴的行程，以為一路玩進首都，不然就能早幾天申請簽證。

後來經過當地人好言相勸，阿

富汗邊界風聲鶴唳，華人外表和身分是塔利班鎖定的肥羊，他們無奈改成邊界小鎮包車一日遊，改走相對安全的霍羅格（Khorog）關口，我在邊境等他們平安歸來。

生死有命這四字說來闊氣，不是每個人都勇於挺險。當天有日本遊客過了海關，在阿富汗領土拍了幾張入境照，旋風般班師回朝。

戰事頻仍加上身分敏感，只能任人宰割，阿富汗簽證費用為兩百美元，包計程車費用一人一百二十美元，還不包括海關私索的小費。

前往邊境村落遍路層出不窮的新奇感中，包車司機向香港旅伴分享塔利班好戰分子以農村為根據地，裝扮亦軍亦民，難以辨識。塔利班戰士平時是講經、放羊和種鴉片（全球八成以上的鴉片都來自阿富汗）的農民，又隨時可武裝成好戰分子，去游擊打聖戰。

戰火連年的阿富汗，肅殺成了日常。香港旅伴抵達巴扎時，路口有荷槍實彈的軍人看守，子彈都已上膛，最特別的是路上還有配槍的居民一邊巡邏，一邊和攤商閒話家常，原來他們算是打工的民兵，隨時待命一起打擊塔利班。

阿富汗女人如傳說中穿著全身罩袍「布卡」，在燠熱的夏季格外顯眼，判別不出年齡。阿富汗人愛吃飯，和塔吉克人愛喝湯不太一樣，當地吃的米都是本地栽種，塔吉克則來自中國的貿易輸入。

阿富汗的村落連電線杆都沒有，到了晚上是漆黑一片，而一河之隔的塔吉克隨著一帶一路的建設，已有電力和供暖系統，道路也

噴赤河，塔吉克人和阿富汗人可透過邊界市集交易，遊客不押護照也可以逛

展開修整和鋪設。塔吉克固然是中亞五國最窮的國度，但阿富汗看上去更加原（落）始（後）。

站在噴赤河畔，我向對岸的居民揮手，他們也熱情給予回應，僅幾步之遙的阿富汗如天涯般遙遠，讓人心生強烈的無力感。

#帝國墳場進入第三季

阿富汗的地理位置扼交通要衝，在中亞、西亞和南亞的交會處，歷史上位處各帝國的邊界前沿，若要進入中亞或通向中東需要奪取的一塊土地，而阿富汗是一根容易吃但難以下嚥的硬骨頭。

歷來帝國在阿富汗投入的力量都變成了招致自身毀滅的慘痛成本，唱著「征服」這套劇本了無新意的舊酒換新瓶，已經演到了第三季。

一九一九到一九三八年間，大英帝國三次入侵阿富汗；一九七九年蘇聯入侵十年成空，因而引爆帝國解體；二〇〇一年美國開啟長達二十年游擊血戰，始終難以完全占領；二〇二一年八月美國自阿富汗全面撤軍，塔利班以摧枯拉朽的閃電攻勢，十天內奪下首都喀布爾。

美國成為「帝國墳場」新一代祭品，海量援助和巨大武力干涉，都無法解開真正問題的癥結。戰爭究竟消滅了恐怖分子，還是創造了更多恐怖分子？

願這塊土地能重現曾經的和平和寧靜，願每個渴望自由的靈魂，都能像朵朵風箏翱翔天際。

心碎的內戰

夜裡，我們在旅店附近晃悠，遇上了司機，他剛採買了一袋酒水，盛情邀我們一起小酌，連場地都已準備好。他帶我們走進僅亮著一盞靠近廚房的燈的歇息餐廳，熟門熟路打開整室燈光，飯店的人從廚房端出幾盤下酒菜，分別是番茄、饢和小黃瓜。

飯店人員精通英文，Eon 聊起了塔吉克的內戰，這議題就像是烙印在帕米爾地區的一道傷，布滿亂石的蜿蜒道路仍然脆弱得難以縫合。

#難以縫合的支離破碎

塔吉克曾被綑綁在蘇聯這輛磅礴的戰車上。蘇聯一九九一年轟然

住進帕米爾民居，客廳中央屋頂上升的天窗，讓空間亮敞

崩塌，原本享有大量資金援助的塔吉克在宣布獨立後，等同斷了嗷嗷哺育的奶水，經濟體系一夕崩潰，更加雪上加霜的是，翌年爆發了長達五年的內戰，帕米爾地區的居民為了爭取獨立而發動戰爭，這一仗為高山貧瘠的塔吉克，帶來災難式的浩劫。

塔吉克國土和阿富汗很像，主體為高原，經濟發展受限，首都能輕易拿下，全境卻難以下嚥。塔吉克僅北部和西南部有小片平原，經濟發達的富庶之地就在北部，包含高原河谷的首都杜尚別，以及費爾干納盆地出口的第二大城苦盞。

杜尚別和苦盞兩座大城雖然鄰近，中間卻有雪山阻隔，相距三百公里僅由一條公路連結，早期冬季一遇大雪封山，公路交通就會中斷。

苦盞孤懸北方被烏茲別克包圍，接壤平坦的費爾干納盆地，經濟和文化的交流更接近烏茲別克，造成了北方和南方的矛盾。

塔吉克的民族可分為平原人和高原人。平原塔吉克人說塔吉克語，帕米爾高原塔吉克人說帕米爾語，雖然同屬伊朗語族，互相之間溝通極其困難，是兩種完全不同的語言。

再來，平原塔吉克人信仰遜尼派（伊斯蘭教最大派別），以農耕文化為主，血統混入了征服過中亞地區的所有民族的血統，偏向突厥人血統；高原塔吉克人信仰什葉派，以遊牧文化為主，為中亞五國中唯一非突厥種，高原和平原居民有著經濟地位、種族、語言和宗教的巨大差異。

這個國家剛開始形塑時，散亂的民族、地域的阻隔和貧富差距就引爆了內部勢力的衝突。內戰原因相當複雜，其中最劇烈的衝突就是帕米爾地區尋求獨立，讓大量帕米爾人因而遭受殺害。

仔細想想，塔吉克的地形像一根長骨頭，國家首都位於西部的高原河谷，卻要統理東部幅員深長的廣大山區，這場戰役的難度爆表，就算戰事平息，帕米爾地區的民心又該如何重新凝聚和歸化？

塔吉克是中亞五國獨立後唯一爆發內戰的國家，內戰徹底毀壞了蘇聯時期的工業建設，連各鄉鎮市之間的連接道路都被摧毀得柔腸寸斷。至今，帕米爾高原和瓦罕古道依舊留存著內戰的傷痛，成為整條絲路最難走的一段。

飯店員工說，舊恨又疊加了新仇。二〇一一年，塔吉克政府為了與中國發展友好關係，主動歸還中國一千一百五十八平方公里領土，以獲得經濟和建設的全面支援。

帕米爾居民認為祖傳土地淪為政府賣地求榮的犧牲品，憤恨難平，自認是被國家漠視的族群和被遺忘的地區，那道難以癒合的心碎，更加支離破碎。

今日的帕米爾地區為山地巴達赫尚自治州，簡稱為GBAO（Gorno-Badakhshan Autonomous Region)），一般遊客前往需額外申請GBAO通行證，就像前往西藏旅遊要申請入藏證一樣。

#路通了，才能縫合一個國家

在塔吉克旅行，路上若行經嶄新的隧道和平整的路面，那一定由中國建造；路旁施工中的建設專案工程，那一定是中國企業承包的。我們見證著塔吉克從戰火的破敗和殘酷中，重振旗鼓緩緩站起，也目擊著一帶一路正在構築的新絲綢之路。

內戰後，交通成了制約塔吉克經濟發展的瓶頸，公路和鐵路雙雙尚未脫鉤大蘇聯路網。你我都無法想像，塔吉克中部到北部的公路無法全年通行，冬季路面結冰就封路大半年，鐵路北、中、南三段也互不相連，得借道兩個國家才能繞回本國鐵路，一來里程和運輸時間長，二來得支出額外的通關費用。

透過和中國一帶一路計畫的合

作，塔吉克改善了基礎建設和完善交通路網。公路方面，二〇一二年通車的沙赫里斯坦隧道讓首都杜尚別到第二大城苦盞得以全年通行，促進塔吉克與烏茲別克的國際貿易；鐵路方面，二〇一六年通車的瓦亞鐵路貫通了杜尚別到庫爾干秋，連接了中部和南部鐵路，縮短運距並提高運能。塔吉克終於縫合了國土，擁有獨立自主的交通系統。

我在塔吉克看到了路的殘荒，也看到了路的暢達，每個國家都有錯綜複雜的民族矛盾和民族融合問題，戰爭的慘烈傷痛依然歷歷在目。願我們以此殷鑑，真正解決爭端的途徑不是金戈鐵馬，而是鑄劍為犁。

願阿富汗的天空，
風箏能再自由翱翔

#挾著思念的月光是最美的盼望

車行帕米爾數日，第一次見到大量的人和車，以及走走停停的紅綠燈，我們挺進了GBAO的行政中心——霍羅格。城市沿著M41號公路兩沿生長，這座帕米爾地區最大的城市能通往中國新疆喀什，是重要的貨物中轉站。

夜晚漫步在噴赤河畔，皓月當空，在河面撒下銀霜，幻化成一條潔白如銀的絲絨，Eon拿著相機收攝，「中秋節快到了！」我們靜靜賞著異鄉的月色。

中秋節意涵著月圓人團圓，讓每個遠走高飛的華人，傾覆內心高懸又搖搖欲墜的思念。

Eon溫柔唱起〈城裡的月光〉：

城裡的月光把夢照亮
請溫暖他心房

異鄉的月光是情緒地獄，
中秋的鄉愁更是加倍腫脹

看透了人間聚散
能不能多點快樂片段
城裡的月光把夢照亮
請守候它身旁
若有一天能重逢
讓幸福撒滿整個夜晚

我想家了，想念台灣的日常，想念台灣的親友，但這一程太漫長，長得連「回家」都難以啟齒。我眺望皓月當空的清輝，將無處寄託的多情、憂愁、思念和驚懼，都託付給明月。

中秋節當日恰巧也是Eon的生日，我們找了一家中餐廳，好久、好久沒吃到中菜了，整家餐廳的華人，見面開口第一句話就是恭賀「中秋節快樂」，這一天對大家都意義深重，充分展現了天涯共此時。離鄉愈遠，思念愈濃，圓滿這一天的動力愈強。

我們點了一桌菜，家鄉味特別感人肺腑。我很訝異竟然能點到炒青菜，服務生說青菜由華人引進，在當地種植，華人和塔吉克人都會購買，餐廳的炒青菜一般只有華人會點，塔吉克人還是習慣青菜以沙拉來料理。

萬金澆灌的奢靡首都

車抵杜尚別，成片高樓大廈，久違的繁華意象，總算挺進了首都。塔吉克的城鄉落差太劇烈，整座杜尚別彷彿是富人區，其他地區像是荒蕪瘴癘的流放之地。

杜尚別市區呈現長方形格局，橫貫南北的魯達基大街是交通主幹，匯集繁華於一街，大面積的典雅市政建築為蘇聯時期留下，而高聳的摩登都會建築群，放眼整個塔吉克，惟杜尚別僅見。

杜尚別深植於寬敞的綠洲，城市滿布林蔭，處處綠意盎然，猶記得司機 Shaydo 一再誇讚杜尚別的街道每天都清洗，路面乾淨得一塵不染，街道被鮮花簇擁，公園噴水池二十四小時不停歇，彷彿踏入另一個國度。

#巴黎感的日落金黃廣場

索莫尼廣場位於市中心，是杜尚別必訪第一站，廣場氣派非凡，地位類似於莫斯科紅場、北京天安門廣場，流變著國家歷史的每一次轉折。

索莫尼廣場在蘇聯時期被稱為團結廣場，塔吉克獨立後，為紀念民族英雄索莫尼（Somoni）改稱為索莫尼廣場。廣場入口處矗立著一尊巨大的索莫尼雕像，手中高舉著黃金打造的權杖，一旁有警察鎮守看顧。

索莫尼被稱為塔吉克民族之父，西元九世紀創建了雄霸中亞的薩曼王朝，塔吉克的貨幣以索莫尼（Somoni）為單位。

薩曼王朝是波斯人的政權，建都於烏茲別克的布哈拉，促進了中亞全面伊斯蘭化。塔吉克是中亞五國唯一由波斯民族組成的國家，其他四國都是突厥族系國家，因此塔吉克以薩曼王朝為民族認同的象徵。

說到波斯就會想到伊朗，伊朗和塔吉克都屬波斯人，但隨著歷史變遷和地域混合，如今已各自開枝散葉，塔吉克的波斯人是遜尼派，伊朗人大多是什葉派。

索莫尼廣場是我在杜尚別最愛的散步地，從索莫尼雕像漫步到國徽塔，再走到魯達基雕像。每逢黃昏時刻，沿著旋舞的噴水池前進，天際不停幻變的濃烈夕色就像在天空打翻了果汁，從鳳梨汁變成柳橙汁，再變成葡萄柚汁。

四十五公尺的國徽塔拔地而起，最頂部的金色國徽在夕陽時分閃耀曳射的輝煌。國徽塔像極了巴黎艾菲爾鐵塔，太轟轟烈烈的絕美，我一連三日來等候夕陽，一點都不會膩，每次都激動不已。

另外，這裡也有世界第二高的旗桿，從沒想過旗桿也有世界排行。走到底下才會發現桿子多麼雄偉，桿子的影子大到可以躲太陽。

#你好之城！

杜尚別的街頭很溫暖，華人臉孔讓我總能聽到年輕人以標準的中文熱情問候「你好」、「需要幫忙嗎」，路人常竭盡所能地協助我，善盡國民外交的關懷。

杜尚別的中文如此普及，因為塔吉克是最早響應中國一帶一路倡

紀念塔吉克民族之父的索莫尼廣場

噴水池二十四小時不停歇，全城遍布盛開的玫瑰花

議的國家之一，兩國在能源、工業、道路交通等各方面展開合作，中國工程建設企業已成為當地工程承包市場的重要力量，為塔吉克的工業生產能力帶來巨大轉變。

杜尚別的年輕人相當風靡學中文。目前塔吉克有兩家孔子學院，教學對象從幼兒到成人，年齡跨度非常大，二〇〇八到二〇一八年間孔院的培訓人數達到近四千人次，共有約一千七百多名學生通過選拔考試獲得「中國政府獎學金」、「孔子學院獎學金」，赴中國各個城市學習專業知識和中文。

隨著中塔兩國的經貿合作不斷加深，對於塔吉克斯坦人來說，掌握中文，代表可以找到更好的工作。我在路上常被兩種人搭訕，一種是想去中國讀書的人，一種是去

世界第二高的旗桿，宏偉到肅然起敬

夕落澄黃的國徽塔像極了艾菲爾鐵塔

中國讀過書的人，北京、上海、重慶、西安、金華和烏魯木齊的留學生都遇過。

#國家博物館喜獲導覽

杜尚別有兩座非參觀不可的博物館，分別是新館「國家博物館」（National Museum of Tajikistan）和舊館「國家古史博物館」（National Museum of Antiquities）。新館從地下室到三樓共四層寬闊展間，藏品豐富且規劃完整，舊館為蘇聯時期建築，僅兩個樓層。

「鎮館之寶」是一尊十四公尺長、二．七公尺高的佛陀涅槃臥佛像，是中亞最大的臥佛像，舊館展出原作，新館陳列複製品。真心推薦去舊館參見真品，細緻的水波紋髮髻，祥和的恬睡神態，難以復刻。

其實我在穆爾加布與老王分裂那天並沒有那麼黑暗，除了認識香港旅伴，也遇上胡大哥和小米，他們在協助電視台拍攝節目。

胡大哥是旅行社老闆，深耕並定居塔吉克二十多年，攬下三分之二中國遊客市場，深諳華人對於中亞旅遊的需求和歐美人、印度人、蒙古人和俄羅斯人要的不一樣，以上這些民族都曾在不同時代逐鹿中亞，各有不同歷史情懷的旅遊路線。小米是塔吉克人，在國家博物館上班，目前是胡大哥的最佳拍檔，偶爾擔任貴賓團、考察團的華語導遊。

進入杜尚別後，我承蒙他們許多照顧，要離開杜尚別之際，胡大

涅槃臥佛像，那抹微笑
超脫死生契闊的祥和

哥找了一間有名的中餐廳餞別。小米最後祝福我：「祝你一路都是白色的。」在塔吉克人心中，白色是很吉祥的顏色，代表和平順利吉祥！

#好好說再見

在瓦罕古道分隔九天後，我和老王在首都杜尚別重逢了。我們走在同一條路上，相遇終有時，既然認定了是朋友，還是能繼續同行。

老王離開後我才知道，在塔吉克飄泊旅行沒有想像中難。人生就是峰迴路轉吧，沉住氣走下去，很多事情經歷過後，就是一道談笑風生的風景，沒有所謂是非或輸贏，只問有無成長。

我們對於接續行程的安排有志一同，依序前往烏茲別克、土庫曼和伊朗。其中的土庫曼被喻為全世界最難拿簽證的國家之一，土庫曼政府本來就不太歡迎遊客，可砸大錢負擔每日一百到一百五十美元的旅行簽證費用，我選擇僅限五日的過境簽，必須以前後兩國的簽證來申請。

烏茲別克簽證透過網路就可申請，伊朗簽證則必須提前申請下來，我連跑伊朗大使館三天，總算順利拿到紙本簽證，火速趕赴土庫曼大使館，憑烏茲別克和伊朗的前後國簽證辦理過境簽，十天後才能知道有沒有通過。領取地點我填寫了烏茲別克的土庫曼大使館。

大絲路最麻煩的就是簽證，充滿了變動和不確定性，有時又絕處逢生。一般伊朗簽證要透過旅行社代辦，我卻神奇的直接在大使館辦

納烏魯茲宮是塔吉克重金打造的阿房宮

路邊可愛的孩子

下來，老王則卡關兩次，進度慢我一星期以上。

杜尚別最後一天下午，我邀老王一起造訪城市旁的小山，山頂是「勝利公園」，山上的涼亭展望極佳，將杜尚別市景盡收眼底。我們等待著逐漸降溫下沉的夕陽，不約而同從包包裡掏出了行動糧「饢」，兩人同時噗哧一笑。老王從青旅早餐打包，我是路邊買的。我們一邊啃著饢，一邊揶揄彼此路上幹過的蠢事，我在告別這座城市，也在告別我們之間。

華燈初上，城市迷離的光影之下，涼風吹拂過山徑和巷弄，我們走進一家景觀餐廳，暢快對飲新鮮啤酒，佐以閃爍夜景，釋放彼此久違的亢奮和歡鬧。

多情自古傷離別，我以為自己已有足夠的歷練面對分離，原來還是學不會，還是和孩子一樣，面對離別分外脆弱，需要儀式感的過渡才能好好說再見。把美好的點滴都小心翼翼裱框和封存，我才能交卸和前進。

最漫長的風景是孤獨

范恩山脈是塔吉克徒步旅行者的聖地，有壯觀的山脈和眼花撩亂的湖泊，《孤獨星球》上僅介紹「七湖」（Haft Kul–Seven Lakes），前面六座湖都可以搭車前往，第七座湖需要徒步。

我要前往的庫利卡隆湖（Kulikalon Lake）也有七座湖，網路上沒有太多資訊，由瓦罕走廊一位背包客介紹，一天輕裝能拜訪六座湖，我看了照片心動不已。

青旅有一組從喀什自駕來的背包客，打算走邊界彭吉肯特去烏茲別克，我搭他們的順風車前往Dasthikazy。

下車後，我試圖攔車前往阿勒途奇基地（Alpine camp Artuch），可惜抵達時間太晚，遊客包車都已經進去了，截不到順風車。

塔吉克是整條絲路人情味最濃厚的國度，就算素昧平生，當地人依然視你為家人，真心協助你解決需求，不會丟下你在路邊不管。

我攔了一台九人座小巴，詢問能不能載我到目的地，司機說我要去的地方太遠，非運營路線。他和車上乘客幫忙打電話給認識的包車司機，接著愈來愈多路人加入尋人任務，約莫十五分鐘後找到了一位司機，九人座小巴才安心駛離。

令我意外的是，小巴乘客沒有面露不悅，而是安靜地在車上討論和等待，要是在其他國家，乘客不僅不會給好臉色，司機還可能被客訴。

一位古道熱腸的村民，開車載我去司機家換乘高底盤的四輪傳動車，天色暗沉前，我順利抵達了阿勒途奇基地，這棟大型兩層樓山屋的設施相當完備，一樓有餐廳和小商店，公共淋浴間有熱水。

我單人入住三人房，躺在溫暖的被褥上，回想一早和老王揮別，倚靠順風車和村落居民的協助，輾轉來到海拔兩千兩百公尺山區，我是不是任性妄為了？我想在離開塔吉克前給自己最後一道挑戰，一個人登山健行。也只有荒蕪又熱情的的塔吉克，最適合這種挑戰。

#極致孤獨，望見生命緊緊相依

早早入睡的我什麼都沒多想，連天氣預報也不管，中亞一以貫之都晴天，這將是我整趟絲路孤寂指數最高、風險最高的一段路。

一開場，布滿礫石的陡坡。我刻意把耳機的音樂放得很大聲，依循著地圖APP的虛線路徑向上爬升，偶爾找不到路，靠著方位判別都能導回正道。清澈湍急的水流讓我想起吉爾吉斯，吉爾吉斯是健行者天堂，而塔吉克盡顯荒涼本色。

整天沒遇上任何一位登山客，我幾度覺得這世界無聲無息。塔吉克的山是碎石堆疊的高台，不管喘息聲再急促，終究難抵被掏空和真空的虛無感。我不停對自己說：「劉士銘加油，今天是你餘生中最年輕的一天，如果你今天都不勇敢了，明天誰來替你堅強。」

我在路邊遇上一隻圍籬裡的小毛驢，一見我就搖著尾巴衝過來。我問「你是不是像我一樣孤單」，牠回以炯炯眼神的凝望。「安全下山的話，我把食物全部給你吃。」我對牠說。我想我們都渴望著生機，只要一個眼神交集的心靈觸動，就能撫慰自己並不孤單。

蒼茫的岩石路，毅然長出一棵棵杜松，走到庫利卡隆湖時，我敞開雙手大叫。前方矗立著宏偉的雪山，湖面映照真假難判的倒影，我一個人獨享了山地大美，彷彿大探險家洛克當初走進了杳無人煙的稻城亞丁，留下深長的崇敬和驚歎。

我沿著湖畔環行，聽到後方幾聲狗叫，瞬間被一群狂吠的大狗環伺。我驚慌大叫，狗群四面圍困，根本難以脫逃，讓我深怕會被咬死在深山裡，不被察覺的消失在世上。

突然間我想起包裡有食物和腳架，不是利益交換，就是人畜對

一人去徒步庫利卡隆湖，
孤寂到像要被世界遺忘

幹。我全身開始顫抖，抖落了額頭的汗，一滴滴落在抵在胸前防禦的手臂上。

遠方傳來悠長的吼叫聲，凶神惡煞的狗兒們輕嚎了一聲，悻悻然收起獠牙，變身憨厚的拉不拉多，歡愉地扭動屁股，往草原另一處追逐遠去。

我遠望草原，見到兩位牧民和放養的羊群。他們招手喚我過去，比出喝茶和吃飯的手勢。我像從浩瀚宇宙的深處收到了外星生命的反饋訊號，生命會互相呼喚著生命。

縱然語言不通，我坐上了野餐墊，牧民遞給我一杯熱茶，以及一盤饢和義大利麵。熱茶入喉猶如一股暖流，融化了鎮日的孤寂。

那一刻陽光好燦爛，將湖畔的羊群打亮成一顆顆閃耀的星。有時帶給你溫暖的人，並非那些你最熟悉的人，而是非親非故，卻願意無私施捨的人。

我填飽了肚囊，向牧羊人揮別並點頭致謝，繼續前往下一座湖泊。其他的湖都不大，像是散落在雪山與草原之間的水鏡，靜靜守護各自一隅的景致，等待遊人一親芳澤，為蒼涼大地擴增了柔美之感。

五座湖裡，Bibi-Jonat 湖最深得我心。湖畔有兩棵蒼勁的杜松，樹形像曼妙舞姿的身軀，永恆頌讚著雪山。造訪完六座湖後，我在下午五點返程，七點多返回阿勒途奇山屋，正好趕上吃晚餐。

我也沒忘記與驢子的承諾。下山時再次見面，我把剩餘的食物全給了牠，牠是我今天遇上的第一個生命，與牠四目相接的那一刻，感

因為孤獨而相互牽引和依偎，這世界絕不會讓你落單

受牠是有靈性的，彷彿看穿了我的脆弱。生命可以共感，能跨越語言和動物類群。

那天直到睡前，我的心都是暖的。我體驗到了獨旅之美，又孤獨又美好。只要真心擁抱世界，這世界絕不會讓你落單。

#粟特人的城市

「你居住的城市，有一天會變成斷垣殘壁的廢墟？」我站在彭吉肯特古城的北城牆俯瞰遺址外的現代化新城，不禁油然興歎。

出生在大唐長安城的子民也許難以預料，極盡繁華和宏偉的國際大城長安會消逝在歷史長河裡，只能從大雁塔懷想其盛世面容。

彭吉肯特古城是中國史書中記載的米國，唐朝是中國的附屬國，建立於五世紀，七世紀達到最大規模，粟特人在此展開貿易活動約四百年。城內有居住區、兩個市集和兩座神廟，由八條街道縱貫城區。

漫走古城街道，依稀看得出建築的架構和規模。當時貴族住宅為二至三層，由十到十五個房間組成，房屋由夯土和木材建造而成，格局有長廊和大廳，大廳用雕刻精美的高聳木柱作支撐，牆上滿是精緻的壁畫和雕刻。

古城於八世紀被阿拉伯軍隊攻破和縱火燒毀，一個城市的榮光和輝煌，記憶再美終究歸於塵土，而這塊土地已獲得重生，從衰敗中步履蹣跚地滋長出生氣蓬勃的大城。

絲路，一再上演時代洪流的威厲與覆沒，感受命運的滄桑與垂憐，在疼痛中感受逝去和存在。

孤獨只是一道心牆，一定可以打開一扇窗，連結外部世界的脈動

動盪火藥庫費爾干納

苦盞是塔吉克第二大城，位於費爾干納盆地西部入口處，也是盆地裡唯一以塔吉克人為主的大城市。

打開世界地圖便會發現，中亞國界相當詭異崎嶇，國與國之間錯綜交疊。以絲路重鎮費爾干納盆地來說，此地是中亞最大面積的農耕綠帶，數千年來都是中亞糧倉，盛產稻麥、棉花和瓜果，為中亞蔬果生產中心與畜牧業發達的豐美草場，也是中亞人口密度最大的地區，卻分屬烏茲別克、吉爾吉斯、塔吉克三個國家。

一九二四年，蘇聯為了平衡三方關係，不讓任何一個加盟共和國獨占這塊聚寶盆，分化地方力量以強化中央管控，將大部分平原精華地畫給了烏茲別克，約占盆地六十五%；富庶的盆地西部入口苦盞地區分給了塔吉克，約占盆地十五%；吉爾吉斯擁有三面高山、水源地，與西南部一小部分平原奧什地區，約占盆地二十%。

蘇聯的分割並未考量成為一個國家所需的資源和民族居住區，在蘇聯大家庭年代，劃界並不影響政治、經濟、文化等各類活動，只是各行政區之間的界線。直到加盟共和國均成為獨立國家，邊界搖身一變成為國界，三個國家將費爾干納切得支離破碎，甚至留存好幾塊不相連的飛地，便產生了難解的邊境衝突和資源爭奪，若擦槍走火則演變成國際紛爭，國力最弱的塔吉克甚至可能保不住領地。

#俄風宮殿和華麗婚禮

苦盞近郊有一座富麗堂皇的「文化宮」（Arbob Palace），仿造聖彼得堡夏宮和花園，於一九五一至一九五七年建造了融合歐式建築和中亞民族風情的宮殿。

文化宮在塔吉克有舉足輕重的歷史地位，一樓中央的大禮堂見證過塔吉克重大歷史時刻，一九九二年在此宣布脫離蘇聯獨立，拉赫蒙（Emomali Rahmon）在此就任國家元首，也是塔吉克內戰舉辦和平協議的場所。塔吉克五迪拉姆鈔票上印的建築就是文化宮。

文化宮旁有一棟茶館，華麗的外觀吸引我靠近窺探。一走進內部，完全是阿房宮的奢華等級，天花板到廊柱以精美木雕裝潢，全室掛滿水晶吊燈，根本國宴級場地，規格等同於台北圓山大飯店頂樓的大會廳。還恰巧遇上正在布置婚禮會場的家屬，盛情邀請我晚上來參加喜宴，成了我在塔吉克路過的多場婚禮中，規格最高的世紀婚禮。

晚間七點我準時出席，但因為顧著跑景點來不及回去換帥氣襯衫。大家都很照顧我這唯一的外國人，一直灌我伏特加。

塔吉克婚禮遵照伊斯蘭文化，男女分桌，婚禮重點不是吃，而是到舞廳瘋狂跳舞，新人像是一旁的校閱司令。男女跳舞同樣分開跳，我和每桌男生都打成一片，不停被拉上舞池，跳了好幾輪，全身汗水淋漓。

讓人有點費解的是，台上的新娘全程神情凝重，彷彿失去了笑容，不時低下頭，一手收束胸前，

上演塔吉克重大歷史時刻的文化宮

見證華麗的世紀婚禮，舞會男女有別

幾分鐘對全場進行一次點頭致謝，台下的男女老少卻集體縱情熱舞，情緒嗨到爆表，台上台下形成強烈反差。

後來詢問後得知，這是塔吉克族的婚禮習俗，新娘不能太開心，以此表達對於父母和家人的不捨。

這世界萬象繽紛，各地婚喪喜慶有不同的習俗和禁忌，難以評論和比較，每次衝擊都是一次深度反思。婚禮全程笑臉，婚姻不見得幸福，喪禮全程哭紅了眼，亡者也不會感動復生，形式終究是錦上添花，真正的情感重量，永遠在於內心。

塔吉克的最後一夜以婚禮畫下了完美句點。二十一天後，終於要對塔吉克說再見。

苦盞的巴扎規模為中亞最大，千年一如既往

亞歷山大東征建立最東邊、最遙遠的一座城

行駛在史詩般的帕米爾公路，帶給我感官最擾亂、心靈最震盪的旅程

我們往往只看到孤獨的缺憾，或許絕對的孤獨，也是真正的自由

瓦罕走廊遍布破碎與絕望，狹縫處見生機

噴赤河撐開塔吉克與阿富汗，近在咫尺卻有著極端落差

驛站四

烏茲別克

帖木兒帝國

過烏茲別克邊境時，莫名起了波瀾。海關人員對我的護照有疑慮，翻了法規又打了電話，還離開座位去請示上級，我鎮定等候了一段時間，順利入境。

烏茲別克是中亞人口最多的國家，也是全世界唯二的「雙重內陸國家」——被不臨海的內陸國家包圍的內陸國家，另一個是歐洲的列支敦斯登，處於不臨海的瑞士與奧地利之間。

首都塔什干在突厥語的意思為「石頭城」，據稱有兩千多年歷史，有文獻記載歷史達一千五百多年，是隋唐時期西域昭武九姓的「石國」，也是古絲綢之路重要的商業和交通樞紐之一。

塔什干是中亞最大的城市，公路、鐵路、航空運輸發達，為中亞最大交通樞紐。一九七七年就擁有中亞最早的地鐵，二〇一一年則開通中亞唯一的高速鐵路，很多發達國家還沒有的高鐵，烏茲別克有！

烏茲別克之所以讓我嚮往，莫過於文化遺產為中亞顏值最高，再來是首都有地鐵路網，千年古城有高鐵貫通，實屬中亞最適合推展觀光旅遊的國家，卻也因為觀光商業化，人情味相對淡薄，一如千年前縱橫東西帝國貿易的粟特人。

#與單車騎士的青旅奇緣

塔什干最讓人迷戀的莫過地鐵站。塔什干地鐵從蘇聯時期就是核爆避難所，多年來受到監管並禁止拍攝，直至二〇一八年為了發展觀光旅遊才解除禁令。

烏國藝術家利用大理石、花崗岩和浮雕為每個地鐵站塑造了不同主題和藝術風格，若時間寬裕，可安排一天行程搭地鐵巡禮二十九座蘇聯風格月台。

在烏茲別克一兌換完錢，瞬間化身百萬富翁。一疊厚厚紙鈔，面額最大為十萬元，一萬元折合新台幣約三十六元（二〇一九年匯率），隨便路邊買個東西都萬來萬去。

夜裡，青旅櫃台傳來了爭執聲，原來是兩位亞裔臉孔的單車騎士，由於缺少前一晚的住宿證明，飯店人員覺得他們來路不明，拒絕讓他們入住。他們翻出烏國外交部近期頒布的規定，外國人三天裡要有一天的住宿證明，況且他們搭乘臥鋪火車，跨夜火車票也是一種住

塔什干每個地鐵站有不同主題，美麗程度媲美莫斯科地鐵

宿證明。

不經意瞄到他們手上拿的護照是眼熟的顏色。先前有正巧也在走絲路的台灣單車騎士透過臉書粉絲團詢問過我烏茲別克的簽證，難不成就是他們？

趁著一片靜默，我湊過去詢問：「順利入住了嗎？」他們一邊據理力爭，一邊網友相認。

飯店人員確認最新規定後發現是誤會一場，旋即為他們辦理入住。烏茲別克近年大力發展觀光，住宿證明已有鬆綁，但規定仍在，離開旅館時別忘了拿住宿證明，後來出境時我就有被海關檢查。

事實上，中亞各國的旅遊規定不時變動，網路上的攻略並非與時俱進，很可能不適用，建議直接在該國外交部網站確認最新規範。

一路上屢屢聽到沒住宿證明被路上盤查的警察罰款或被海關勒索，我每日都有投宿，並留下住宿證明小紙條，畢竟是獨自旅遊，得竭盡所能確保自身安全。

兩位單車騎士是澤宇和家綸，騎乘的起點和終點與我大致相同，從中國新疆到土耳其伊斯坦堡，只有局部路線不同，這意思是我們接下來一路會不停相遇。

這時我的路線終點還設在土耳其，心裡真正渴求的終點卻愈來愈清晰。

他們理工科出身，外語能力極好，閒來無事愛用手機查文獻數據，也關注地方田野調查和冷知識。跟他們交流，知識含量極高，像是翻了半本《孤獨星球》。

澤宇熱愛普查各種數據。烏茲別克有多少朝鮮族占比？塔什干和撒馬爾罕人口有多少？每月降雨量多少？黑市兌換美元的匯率？他看過都能琅琅上口，並透過數據觀察每一國的發展脈絡。

我們三個人志趣相投，溝通對話很合拍，聊天又很會調侃和接話，話匣子一開，沒完沒了。

烏國觀光業繁榮，眾多旅人來到塔什干的首要任務就是去大使館辦鄰國簽證，我為了方便拿土庫曼大使館的簽證，直接搬進了鄰近大使館的青年旅館。

網傳土庫曼大使館一定要清晨先去門口登記，早上九點開始依序叫號，不然會在門口等成乾屍。

為了搶得先機，我一早六點五十分走去使館，看到已經有兩個人留下資料，我都放大絕了，好在仍奪得第三名；登記完再漫步回青旅吃早餐。

#天降猛男帖木兒

講到烏茲別克，一定要先介紹民族英雄帖木兒。帖木兒是成吉思汗的後代子孫，在十四世紀建立了中亞霸權帖木兒帝國，版圖橫跨地中海、波斯灣到中國邊境，是世界上親身征服過土地範圍最廣的帝王，當年的帝國首都設在撒馬爾罕，如今整座古城被列為世界遺產。

帖木兒在烏國的地位就像塔吉克的索莫尼和蒙古的成吉思汗，烏茲別克各城鎮都有他的紀念雕像。

我覺得來烏茲別克應以塔什干的「帖木兒博物館」當起點，才能深刻理解帝國的歷史興衰，再循著

踏入帖木兒博物館，
追尋帝國榮光

故事發展的脈絡踏上撒馬爾罕和布哈拉。

烏茲別克國家歷史博物館的外觀是醒目的巨大藍色穹頂，館藏豐富，而且館方不藏私地全塞進了櫥窗內，將空間利用到極致，員工一定是人間國寶級的收納專家。

博物館有兩件展品一眼就攫走我的魂，讓我駐足觀賞和感動許久。並非著迷於雕工巧藝，那更像是一道照徹我心的光芒。一件是犍陀羅藝術佛像，另一件是有兩名僧侶服侍在側的佛陀坐像壁龕。連年的戰火侵襲和宗教入侵都沒有踐汙塑像的慈藹容光，我像孫悟空瞬間被降伏在手掌心下，一晃眼就是五百年。

參觀當下沒特別留意這兩尊佛像來自泰爾梅茲，後來追隨著玄奘

取經的動線，我再度與這兩件佛像作品異地重逢。

#炫爆手抓飯

新疆的手抓飯（Plov）料理在烏茲別克被尊稱為「國飯」，每位國民的人生重要時刻都少不了豪邁的手抓飯。當地人一星期最少吃兩天以上的手抓飯。

來到塔什干，絕對要去超霸氣的「中亞抓飯中心」朝聖，地點就在電視塔底下，餐廳規模彷若婚宴會館，座位約可容納三百人，只賣中午時段，建議十二點半以前來，晚來了就沒得吃。

用巨無霸大鍋做飯的畫面相當衝擊：鍋子大小是約可容二十人泡湯的大眾池，填滿的米飯量則是三噸。廚師奮力拿著大勺，以少林武僧的勁道翻動和攪拌米粒這一幕，肯定會讓全世界的伙房兵都自歎弗如，堪稱炫爆的網紅打卡點。

這頓手抓飯的配料澎湃，米粒混著黃蘿蔔絲和葡萄乾，鋪上滿滿的鮮嫩羊肉、一片馬肉香腸，以及一顆雞蛋和一小顆小鵪鶉蛋。親身參與原物料烹煮過程，徹頭徹尾細細品嘗國民美食，我很喜歡這一站。

首都塔什干固然舒適，但因為太嚮往撒馬爾罕、想看壯麗的世界遺產，我的心早就飛了過去，放棄首都圈附近的景點，也沒去探絲路廊道的費爾干那，留下了空缺。

一拿到土庫曼簽證，我火速下訂火車票，搭火車前往撒馬爾罕。我買的是擁有獨立包廂的座位，換得約莫三個多小時的舒適體驗。

超大鍋手抓飯，師傅的
功力根本少林武僧

位居藝術之巔的壯闊帝都

不論從梵文、突厥語、阿拉伯語或粟特語解釋「撒馬爾罕」的字義，大致不脫「輻輳之地」、「肥饒之地」、「繁華」和「太陽城」的意思。於是人們把一切的榮耀都歸給了撒馬爾罕：世界的典範、靈魂的花園、伊斯蘭的寶石、東方的珍珠、宇宙的中心。行前讀《西域記風塵》，也驅使我走上通往撒馬爾罕的金光大道。

一切榮耀都歸撒馬爾罕

撒馬爾罕與羅馬、雅典、巴比倫同等級，是個超過兩千五百年歷史的古老城市。帖木兒把一路掠奪的財富和工匠都帶了過來，極盡所能打造帝都，這是一座讓我臣服的城市，那麼開闊和壯麗，集結了中亞建築藝術的顛峰之作，是伊斯蘭建築發展的典範和源頭，也讓古時長安人和羅馬人雙雙趨之若鶩。

我迫不及待奔向雷吉斯坦廣場。這座廣場由三座宏偉的經學院構成，恢弘氣派地展示著帝都的叱吒風雲。雷吉斯坦廣場的壯麗，其他廣場少有，歷史的厚重感躍然眼前，成為我心目中最美的廣場。

前前後後，我一共在撒馬爾罕待了七天，每天都去雷吉斯坦廣場，甚至為了更接近而搬到附近的青旅。雷吉斯坦廣場不論日夜皆迷人，每日逛完景點我就會漫步過來，夕落後半小時的色溫超美，三座經學院被燈打亮時，我彷彿看到永世的絕美詠讚。

建造歷史最悠久的是廣場

氣勢宏偉的雷吉斯坦廣場，展示帝都的不可一世

左側的兀魯伯經學院（Ulug'bek madrasasi），由帖木兒王朝統治者、著名的天文學家兀魯伯（Ulugbek）於一四一七年興建，他曾經親自在這裡授課，被譽為十五世紀中亞最好的伊斯蘭經學院，撒馬爾罕也成為十五世紀中亞的教育中心。

巨大的入口拱門高十五公尺，牆上的裝飾圖騰為象徵天空的五角星和十角星，門口兩側以阿拉伯文寫著「對知識的渴望，是每一位穆斯林的責任」。

廣場右側是希爾達爾經學院，最引人注目的是拱門上的裝飾，兩側各有一頭獅子（工匠將獅子畫成了老虎）在追逐一隻白鹿，獅子的背上馱著一個人臉太陽。

獅子與太陽圖騰最早可追溯至巴比倫占星術，該圖騰為伊朗、阿拉伯、突厥和蒙古的古老傳統，十二世紀成為一種流行圖騰，在一八四六年到一九八〇年間是伊朗國旗上的主要元素。

黃金寺，金碧輝煌到讓我神魂顛倒

在禁止偶像崇拜的伊斯蘭教文化中，只有幾何紋、植物紋、文字紋樣的裝飾藝術，禁止人物和動物造型，牆上醒目的獅日圖騰既代表受到突厥遊牧民族文化的影響，也讓「獅子經學院」之稱於焉誕生。

廣場中央是提拉卡力經學院，內有令人屏息的黃金寺，從牆壁、穹頂到壁龕都鍍上大量金箔。那夢境才有的金碧輝煌，每一吋雕飾都高貴精美。我不停舉頭高仰，像是跌入漩渦般的萬花筒，沉溺許久都不願離去。

閉園以後，據聞只要向門口的警衛使個眼色就能洽談隱藏版行程，以優惠的價格登上未開放的宣禮塔看夜景或日出。

#永生迷醉的幻藍峽谷

如果藍色有一千種表情，那會是烏茲別克獨有的超能力。沙赫靜達陵墓群（Shahi Zinda）是一座幻藍色的幽深峽谷，其藍幻變到難以收攝和框限——上一次被我如此形容是西藏的湖泊。

沙赫靜達陵墓群擁有我在撒馬爾罕最巨幅的讚歎。沿著向上攀升的陵墓小徑，斜坡兩沿匯聚了十一座陵墓，每一座陵墓都是單室建築，有獨立的拱門和穹頂，淋漓盡致展示著橫跨了五個世紀的彩釉磁磚和馬賽克拼貼，堪稱伊斯蘭裝飾藝術的素材資料庫。

大批朝聖者和觀光客像一波波

深邃的沙赫靜達陵墓群，
一踏入就讓我深深擱淺

海浪襲來、退散，我獨坐阿巴斯陵墓的椅子，望著水晶燈打亮的八角穹頂，聆聽一輪又一輪禱告，彷彿無盡歌頌著永生，領受到永生的平靜。

靈魂留白處，往往才是被滋潤和重獲新生的轉折點。

#讓世界為之顫抖的帖木兒

烏茲別克大半行程我都緊緊跟著民族英雄帖木兒。在塔什干看過帖木兒雕像和帖木兒博物館，到了撒馬爾罕怎能不看帖木兒大帝陵墓，這三項都被印在鈔票上。

一生高唱「征服」的帖木兒，當時已經打遍中亞無敵手，橫掃小亞細亞、稱霸半個亞洲，向西可以進攻孱弱的南歐，向南可以輕取非洲，但他的偶像是成吉思汗，為了

帖木兒大帝的陵墓，
最終沒能落葉歸鄉

重現蒙古帝國的輝煌霸業，他把目光轉回了東方。

帖木兒親率二十萬大軍東征明朝，卻在哈薩克境內死於傷寒，享年六十九歲。歷史上遊牧民族最後的陸上軍事霸權正式落幕，接下來就是以西歐為主導的大航海爭霸。

帖木兒東征大明的宏願，既是基於仰慕的情懷，也是過於任性的衝動，復興帝國的鐵蹄撐不過那個大雪紛飛的冬季。成吉思汗的雄圖偉業，仰賴整個家族驍勇善戰的軍事人才，匯聚集團之力以開疆闢土，帖木兒則是一人獨強的人中之龍，卻仍成為了僅次於成吉思汗的非凡征服者。

帖木兒原本已在故鄉沙赫里薩布茲修建了一座陵墓，由於大雪封路無法運送遺體，因此安葬首都撒馬爾罕；到了兀魯伯統治時期，聘請伊朗建築師改建為古爾—埃米爾陵，成為帖木兒祖孫的皇家陵墓。

陵墓中可見九座石墓，帖木兒是居於中間的墨綠色石墓，黃色燈光打上去像極了黑色，東側為帖木兒王朝統治者沙哈魯，南側是帖木兒王朝統治者兀魯伯，東側則是他最愛的長孫蘇丹，位居帖木兒前方，一枝獨秀的領航者，是他最尊敬的老師巴拉卡。

陵墓內部分為兩層，上層為象徵性的石墓方位，真正埋葬遺體的地點位於下層，下層的真正墓室目前並沒有開放。

蘇聯統治時期，史達林派遣格拉西莫夫（Mikhail Gerasimov）和一群考古隊前往烏茲別克，不顧在地人反對，強行打開了帖木兒的皇室陵墓。帖木兒紀念碑上的銘文寫著：「當我死而復生，世界將為之顫抖」，一九四一年六月十九日在墓頂石發現一段銘文：「誰敢打開我的陵墓，將釋放比我更可怕的侵略者」。考古隊將帖木兒的遺體運回莫斯科做鑑定、做研究。

據說，帖木兒在蒙古戰爭中被射傷了手腳，成了瘸子，手也有殘缺，有「瘸子帖木兒」的綽號。從骨骸考究，證實了他右腿有殘疾，右手少了兩根手指。

帖木兒屍骨抵達莫斯科三天後，一九四一年六月二十二日，德國希特勒對蘇聯發動了全面進攻的「巴巴羅薩行動」，成為人類史上最血腥的戰爭之一，數千萬人因此罹難。

或許一切只是巧合，帖木兒名字在察合台語是「鐵」之意，史達林的俄文意思是「鋼鐵」，兩位不同時代的帝國鋼鐵人，意外地跨時代夢幻連動，強撞出腥風血雨的斑爛歷史。

陵墓為壯觀的穹頂建築，四面牆採蜂巢狀式內角拱，窗口引進午後強勁的陽光，漫射金碧輝煌的牆飾，鋪天蓋地的大理石，盡顯帝王厚重。

四處征戰、戎馬一生的帖木兒，最終無法回到出生地沙赫里薩布茲，無法長眠於自己一手打造的陵墓，他究竟是甘願，抑或懷抱著不平之聲？就算他死後，未曾停止暴戾的殺戮依然讓世界瑟瑟發抖。

#武則天在泛舟！

撒馬爾罕古城「阿弗拉西阿

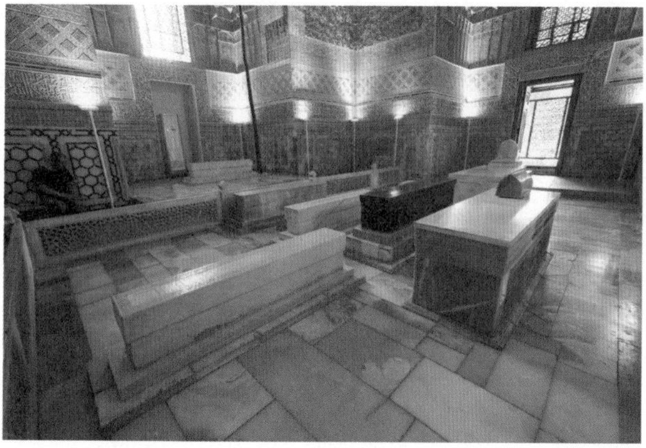

居中的帖木兒墨綠色石墓，讓世界瑟瑟發抖

唐高宗獵豹，彰顯唐朝的國力威懾中亞

卜」（Afrosiyob）始建於西元前六至五世紀，於十至十二世紀達於鼎盛，一二二〇年被成吉思汗的大軍摧毀，後來在南面建了新城。

古城遺址博物館內，整趟絲路讓人最驚喜的展品「武則天泛舟」壁畫絕對是絲路上的爆款景點，見證了大唐的輝煌盛世，可惜《孤獨星球》中文版沒有介紹，一般旅行社也沒有安排參觀。

這幅七世紀的大型壁畫以四面牆壁分繪四個國家，東西南北分別是印度、突厥汗國、粟特和中國，濃縮了中亞的政治格局。

一般遊客看的都是西牆，描繪的是中世紀的G20峰會，粟特國王扶呼縵位於畫的正中央上部，接待著來自大唐、高麗、西藏、波斯和突厥的朝貢使節隊伍，展現以撒馬爾罕為中心的世界觀。大唐使節位於構圖正中央，正把絲綢當作禮物送給國王，以突顯撒馬爾罕重視和最重要盟友大唐之間的關係。

我在北牆看到了中國風格的人物繪畫，一個獵人躍馬而起，手持長矛下刺迎面撲來的豹，以及一艘船上載著皇室婦女和侍女泛舟出遊。細看解說牌，讀著英文「Chinese emperor Gaozong」和「the empress Wu Zetian」，我欣喜若狂，這不就是「唐高宗在上林苑獵豹」、「武則天在曲江池上泛舟」嗎。

這幅壁畫來自一九六五年發掘的康國宮廷遺址。該建築為大使廳，四面牆體繪有壁畫，東面壁畫和牆體上部已毀損，導致每一面壁畫的頂部皆有缺失，博物館的房間

不敢相信！武則天在中亞的壁畫上泛舟

入口設在東面，東面繪有印度神話史詩，南面為粟特王新年出行圖。

中國隋唐時期稱撒馬爾罕為康國，康國為昭武九國之首，七世紀玄奘曾途經此地。根據學者的古籍考究，唐代杜佑在《通典》的〈何國〉篇記載，「北壁繪畫華夏天子，西壁則畫波斯、拂菻諸國王、東壁則畫突厥、婆羅門諸國王」，《新唐書》的〈西域下〉也同樣有記載，吻合撒馬爾罕的壁畫內容走向，可見唐朝對中亞地區瞭若指掌的全盤掌控。

唐高宗在康國設置了康居都督府，任命康居國王為都督。根據專家解讀，北牆繪製了當時的天朝，觀念來自於中國的天子面南背北，顯現了這一時期唐高宗與武則天對中亞秩序的主導地位。

若細看武則天泛舟圖，一行人搭乘的是龍舟，船頭的龍不像龍，而是鷹頭獅身的「獅鷲」，為中亞地區常見的雕塑和標誌，粟特畫師無法想像傳說中龍的模樣，便以當地神獸取代了中國的龍，創造出中亞版的獨特龍舟。

另外，曲江池裡有魚、水蛇、荷花和鴨子，水中有一個奇特的拼裝動物，一匹長有雙翅的馬，前足為一雙馬蹄，後足為捲曲分岔的魚尾，這是祆教信仰中的「犬神」形象，負責守護不滅之火的神獸。

絲路走到這，我終於找到了漫長記憶裡的熟悉連結，胡商和唐使在幾千里外迸出了火花，留下了中亞文明和中原文明交融後的藝術結晶。當絲路敞開胸懷，深具海納百川之大美。

沒被暴戾摧毀的一千零一夜

旅行的日子就是無法逗留，怕自己走太快，雷厲風行到不著痕跡，又怕自己走太緩，過成生活而索然無味。

旅的本質，就是不忘前行，我喜於深入人間疾苦，寧可如繞境的鑾轎裡隨煙硝載浮載沉，也不願坐鎮在大殿內任蛛絲布為塵網。

我坐上烏茲別克高鐵，螢幕顯示速度飆到兩百五十公里，彷彿飛馳為一陣清風，掠過一馬平川的荒地，漸漸揮別了壯麗帝都的聲聲驚歎，舒適地等待下一座綠洲城市，傳說中《一千零一夜》的故事場景。

#暴力美學的褶皺

歷史有時候很弔詭，被烏茲別克奉為輝煌年代的帖木兒王朝，歷史上並非被外族終結，而是烏茲別克人自己推翻的，以建立昔班尼汗國。首都最初在撒馬爾罕，後遷至布哈拉，綿延兩百五十二年，被稱為布哈拉汗國。

布哈拉在粟特語為「快樂之城」，我奢侈地停泊五天。布哈拉是我踏進的第一座伊斯蘭古城，滿滿的清真寺、經學院、商隊客棧、公共澡堂和市場，歷史建築共一百四十多座。

我猛烈愛上了中世紀老城，在迷宮般的巷弄裡安然梭航，樂此不疲地來回遊走。我可以一直踩踏著婆娑的影子天旋地轉，像迴旋舞一圈圈纏繞進時間的流隙。

第一站奔赴的「波伊卡楊」是我在布哈拉最喜歡的廣場。清真寺和經學院對望，中間矗立著一座高聳的宣禮塔。這座布哈拉古城最醒目的地標高四十五．六公尺，建於十二世紀，被稱為大喚拜塔，塔身環繞著十二條不同裝飾的圖騰。我仰頭看得出神，既巨大，細節又華美。

布哈拉本由花剌子模統治，蒙古人西征時，先攻擊鄰近城鎮，並刻意釋放大批平民逃亡至布哈拉，製造全城的恐懼氛圍。待騎兵出擊，以威懾屠城的方式迫使官兵丟盔棄甲，平民開城門投降。

成吉思汗率領部隊進城時，仰頭凝望大喚拜塔，頭盔因此掉到地上。他彎腰拾撿頭盔，對將士們開起玩笑：「這座高塔連我都要對它鞠躬。」特別下令保留。

在那疾風掃落葉、人命如草芥的年代，一切多麼不易。蒙古三次西征所到之處，生靈塗炭，以殺戮和毀滅的方式掃蕩，屠滅撒馬爾罕約一百萬人。蒙古帝國的擴張締造了歷史，卻也是古代文明的毀滅者。

時間撫平了暴力美學的褶皺，歷史終究灰飛煙滅成為一種敘述，耳畔傳來一陣又一陣旅行團如夏日若即若離的蟬噪，我坐在廣場旁的Chasmai-Mirob 咖啡廳二樓望著波伊卡楊廣場，點了一杯酒，一口一口緩慢推延著時光，霞光漸層泛濫又退散，大喚拜塔的燈光亮起，月光緩緩鳴奏了夜。

華燈初上的波伊卡楊，散發影視場景的敘事魅力

#景點的商業化是必然

古城的中心拉比卡茲（Lyabi Khause）是一座幽靜的池塘，被伊斯蘭建築圍繞著，其中一座經學院的大門壁畫有兩隻青色的吉祥鳥，和撒馬爾罕的獅子經學院有異曲同工之妙，也是少數有動物裝飾的伊斯蘭建築。源於伊朗神話和突厥傳說的神話鳥「Humo」象徵幸福、熱愛自由和善良，這隻吉祥鳥也被放在烏茲別克國徽上。

古城裡有三座交易市場，分別為珠寶、服飾和兌換貨幣。市場外觀為土黃色圓頂建築，四面都有出入口的十字動線可供絲綢之路貿易車隊穿行，曾經匯聚中國、俄羅斯、印度和波斯商人在此買賣，見證了十六世紀的布哈拉是中亞貿易中心。

自古商貿鼎盛的交易市場

很多旅人對布哈拉的評價是商業氣息濃厚，我也是，但我不會感到失望。這不就是世界各地觀光城鎮的縮影嗎，況且幾世紀以來，布哈拉以商貿立城，現在賣的是面向觀光客的紀念品。我當作逛文創市集，欣賞伊斯蘭風格的文創小物，再買些特色商品回去做紀念。

當一個地方被開發成觀光景點，就等同商業化，最理想的狀態是永續經營，以環境乘載力進行人流和經濟活動的總量管控，達到生態平衡和增加就業人口。

我常在旅遊講座上提及，絕大多數旅遊造訪的都是大眾觀光景點，皆已商業化和現代化，你不可能既想看古樸未開發的古城，又要求交通接駁和優質住宿都到位，那根本自相矛盾。

再來，憑什麼要求古城居民過著你認知中的原始或傳統生活，自己卻享受電力和通訊網路的便利、穿著潮流服飾、使用智慧型手機？多點同理心理解與體恤，當地居民當然也有高鐵、高速公路和便利超商的發展需求。

由於預留在烏茲別克的時間還有十天，不想一直賴在布哈拉不動，往下就是邊界城市又太快，我決定走回頭路，造訪撒馬爾罕鄰近的泰爾梅茲和沙赫里薩布茲，這加碼的行程有點瘋狂，總共要搭三晚夜車，祈禱在車上能夠睡好。

無情境地有情天

泰爾梅茲（Termiz）是烏茲別克最南端城市，來到這得先翻過一座又一座山隘，最著名的關隘為「鐵門關」，通道最窄處不到十公尺，青黑色的兩側石壁近乎垂直，張騫、玄奘、亞歷山大、帖木兒和成吉思汗都途經於此。

因為我的心急，烏茲別克的行程走得任性妄為，為了符合古絲綢之路的主軸，無數征服者和宗教家踏過的泰爾梅茲說什麼都不能錯過，去程是夜車，回程也是夜車，待六個小時就快閃。

#深深的佛緣牽引

泰爾梅茲在《大唐西域記》稱為呾蜜國，位於阿姆河畔，對岸就是阿富汗，七世紀阿拉伯人入主中亞以前，一直是佛教和貴霜王朝的重要中心，中亞的佛教文化正是從這裡傳播開來的。十三世紀，成吉思汗入侵並摧毀了城市。

一路從新疆、吉爾吉斯、塔吉克到烏茲別克，佛教遺址幾乎都被毀到只剩殘跡，僅泰爾梅茲保留了多處古老佛教遺跡，還能追尋佛教發展的遺痕。

我一人包車來到法耶茲特佩（Fayoz-Tepe），一下車看到一片黃土，正心想難道又是大同小異的廢墟，走進去卻看到一座類似天文望遠鏡的圓形土色建築。不合時宜的現代感讓人產生巨大的疑竇，導覽員說我可以進去瞧瞧。

門口矮小，我彎身鑽入，看見一座風化嚴重的圓柱狀佛塔，激動

跟隨玄奘的腳步，
拜訪法耶茲特佩

到難以言表。我不停地以順時鐘方向環繞塔身，歷經了千年戰火和災害卻依然留存著，讓人深深感動。

佛教寺院遺址經過整建，厚重的牆垣可輕易分辨出三個院落。第一處為中央的參拜區，大殿雖然消逝，四面仍留存成排的圓柱基座，另外兩個院落為僧侶居住區和餐廳區，漫步其中的空間感極強，能在腦海中還原建築。

我想歷史終究是寬容的，沒有讓一切灰飛煙滅。

看完遺跡，我繼續前往泰爾梅茲博物館。泰爾梅茲是佛教東傳的重鎮，留下的遺跡很多，但要多人包車才能一網打盡散落的佛教遺跡，這也讓博物館館藏相當豐富，清楚地介紹和呈現所有遺址，就算無法一一造訪，最少能理解概況。不過館內多是複製品，真品收藏於烏茲別克國家歷史博物館。

博物館中有兩件佛教展品深深吸引了我。那不就是先前在烏茲別克國家歷史博物館裡駐足觀賞和感動許久，讓我不停讚歎沒有被宗教入侵或戰火破壞的展品嗎？不得不說，還是首都的真品比較傳神。

我整個人像被落雷電擊，通透了冥冥中的註寫，原來泰爾梅茲一直是我命定到訪之地，就算錯過了，仍有強大的引力驅使我往回走。冥冥中有佛緣，就是為了來到起源地泰爾梅茲，再次與兩件佛像的仿製品相逢。

最後我搭乘傍晚的跨夜火車回撒馬爾罕。座位是下層臥鋪，一位老人在我床邊坐了一站，下車時順手牽羊，陪伴我六年的外套就不見

國家歷史博物館裡的真品：
犍陀羅藝術佛像（左）、
佛陀坐像壁龕（右）

了，我翻遍座位區都遍尋不著。

清晨四點回到撒馬爾罕，溫度十一度，原本計畫待到天亮才出站搭公車，但我冷到發抖，只好搭夜間計程車，以高於平日三倍的費用返回青旅，穿上厚外套保暖。

整趟旅程遇到了第一次偷竊，竟然發生在伊斯蘭教國家，也勸戒自己時刻保有戒心。

#帝王帖木兒的故鄉

冥冥中，我循著天降猛男帖木兒的足跡，穿越滿布嶙峋石頭的大山，前往他的誕生地沙赫里薩布茲。

一早，我在雷吉斯坦廣場對面找了一台 Shared Taxi，付錢後私下詢問其他乘客票價，驚覺司機獅子大開口，我被索求好幾倍價格，一個人就付了一整輛車的包車費用。

只能怪自己未事先了解行情，進入到觀光化的國度，就該有觀光客被坑殺的準備，前兩個國家太溫馴讓我失去了防備，就當花錢學個教訓。

沙赫里薩布茲擁有兩千七百年歷史，與羅馬同歲，被列入世界文化遺產，《大唐西域記》稱為羯霜那國。帖木兒傾盡全力打造帝都撒馬爾罕，也沒忘了榮耀故里沙赫里薩布茲，於一三八〇年興建夏宮（Ak Saray）。

如今夏宮僅剩一道宮殿城門，最初原型是拱門，橫拱已坍塌，留下兩座高達三十八公尺的巨大殘壁。大門推測原高達五十公尺，兩側宣禮塔超過六十五公尺（目前殘存三十八公尺），光是大門就壯麗

「帝都」沙赫里薩布茲，帖木兒的故鄉

非凡，不難想像當初夏宮的宏大規模。

我喜歡這種半傾頹的廢墟，滿布著歲月侵蝕的斑駁，彷彿輝煌時代在眼前殞落，徒存一身傲骨，儼然成了一座藝術品。

帖木兒曾在城門上方題字，「如果你懷疑我們的偉大，看看我們的建築」。他的巨型雕像聳立在大門背面的中央鏤空處，蓋世傲氣彷彿劈開了門縫，橫亙了生生世世。

兀魯伯建造的主麻清真大寺（Kok Gumbaz）外觀是醒目的巨大藍色圓頂，此處也是帖木兒家族墓地所在地，包括他父親和兩個兒子。帖木兒生前也為自己修建了一座陵墓，由一條不起眼的地下通道通往小型墓室，石棺上寫著帖木兒的名字。

帖木兒最終沒有落葉歸根，安葬撒馬爾罕。

十面埋伏的坑殺

我在沙赫里薩布茲風景區玩太晚，四點半才走出大門，下車處的 Shared Taxi 全沒了。

由於現場只剩下我一個人要搭車，自然成為計程車司機圍攻目標，表明一個人只能包車，回撒馬爾罕要價八十美元，我頭都暈了。

我馬上撤離五百公尺，遠離漫天喊價的計程車區域。我上了一輛公車，想請司機載我去城區 Shared Taxi 站，結果司機把我載回計程車區，眾人再次圍上來，降價到五十美元。

我開始路邊攔車，想不到其中

夏宮僅剩一道宮殿城門，可遙想最初的宏大規模

一位司機開車來追，阻止要載我的私家車；後來我在種滿樹的人行道拔腿狂奔，他總算作罷。

剛剛被阻止的私家車仍然緩緩跟著我，對我按喇叭，示意我上車。我以為他們要解救我，快速上了車，想不到這也是一輛出租車，停在路邊與我談判價格，開價五十美元，根本同出一轍。

天色漸黑，我知道會愈來愈難攔車，而且今天是輕裝來玩，行李都在撒馬爾罕，明天又要搭火車去希瓦，行程不能被耽誤；如果行李在身上，那就當地住一夜，明日再戰。

我表明身上沒有那麼多錢，懇切請求他們幫我，滿臉委屈，水汪汪大眼泛出了淚光，語帶哽咽地說：「我很喜歡烏茲別克，每一個司機都想坑殺外國遊客，一再打擊我對烏茲別克的美好印象。」

後來他們想到了一招，載我去 Shared Taxi 站，幫我找到一輛回撒馬爾罕的 Shared Taxi（本來我就想這樣做，只是被利慾薰心的司機阻攔），全部跟我要一口價八美元。

愈晚 Shared Taxi 愈少，Shared Taxi 通常對觀光客一開口行情價就是十美元，既然他們會幫我找車、談價和付錢，我省了第二次工。

途中，司機看我一臉驚魂未定，放了搖滾歌曲，開始律動和吟唱，我這才笑了出來。

抵達地圖上沒標示的 Shared Taxi 站，司機下車找了許久，情況不明朗，可能只有我一人要回撒馬爾罕。好在等了半小時後，我預計搭乘的 Shared Taxi 滿員，可以發車了。

車開了十五分鐘，司機突然停車，原來是油門壞了。打電話 call out 遠端教學，調整了約十分鐘，仍然無法修復。這時後座一位醫生乘客對我說：「不要擔心，車壞了，頂多換一輛車載我們。」

醫生是中亞這一路難得知道台灣的人。他一聽到台灣，馬上脫口而出「Taipei」，而不是滔滔不絕地談論泰拳。

半刻鐘後，救援車來了。新的司機一上車就對我說「你要付十美元」。我驚嚇回道「我付過車錢了」，醫生馬上解釋這是在開玩笑！

臨下車前，醫生要我聽一首歌，傳來的旋律很淡然，但一聽到歌聲，我眼角滾出了熱淚，那是

主麻清真大寺旁的通道可通往帖木兒為自己準備的小型墓室

蔡依林唱的〈台灣的心跳聲〉。我激動地說：「I miss Taiwan very much」。

我明明沒跟醫生說自己今天歷經的一切，凌晨搭夜車，外套被偷，夜間付了三倍車錢，回到旅店保暖，來回沙赫里薩布茲都被計程車司機坑殺。

我一個人旅行到心好累，但每次絕望到谷底時，總會有希望的皎潔光芒照徹和療癒一切。

這世界沒有那麼冷漠，你沒有那麼孤獨。我們都不會知道別人經歷過些什麼，但我衷心感謝那些善良和洞察人心，以及能溫暖別人的人。

回到雷吉斯坦廣場時意外遇上了燈光秀，心情瞬間從陰暗的低谷再次明朗起來。燈光能療癒人心，路永遠不會山窮水盡，總會柳暗花明又一村。

很多痛與失，都是旅途上的必然歷練，我們無法抗拒，只能增加抗體，失去就失去了，繼續備戰，迎擊前方的下個難關，讓自己明哲保身地回家。

整座古城都是博物館

我總算甘願前往最後一站，希瓦古城。買車票時順口說了cheaper，售票員就給了我最便宜的硬座票，自作孽啊，認命搭上十小時的跨夜車，明明我買得起臥鋪票！

一入座靠窗的位置，我順著逐漸朦朧的黑暗遊光沉沉酣睡到上午七點。這是一連搭乘三晚夜車座位最差的一夜，偏偏是我睡最好的一夜。

就像當兵爽不爽，並非分派到哪個營區，關鍵在上頭的學長好不好、營裡環境有沒有水土不服。旅外睡得好不好，有時並非艙等或星級，而在於有沒有放鬆或心安。

強烈的光線灼熱著臉，我緩緩睜開眼，棕紅色滲入了眼簾，是一片孤悽的紅沙漠。火車轟隆轟隆前進，前方的綠洲古城「希瓦」會是什麼模樣？波斯語裡稱為「太陽的土地」的地方。

希瓦古城被泥牆圍繞，陽光打得金黃耀眼，我穿越東門步入內城，被那場景驚呆了。清一色歷史建築，沒幾步路就一所經學院或清真寺，一轉身就是宣禮塔。太適合用跑酷的節奏，穿梭街道巷弄，跳躍在城牆或塔頂。

希瓦將整座古城打造成博物館，在歷史空間裡策展各式內容，工藝品、音樂、木雕、編織、動植物……包羅萬象，每一館皆精心打造，合起來就是一整座國家博物館。

希瓦完美了我對於古城的想

「我願以兩袋黃金的代價，但求看一眼希瓦」，一眼看盡千年綠洲的輝煌

像，成為整條絲路上我最念念難忘的一座古城，也是烏茲別克我最愛、最迷戀的所在。

#享受一個人的美好

希瓦古城的時光，一切都金燦燦的，眼眸是，腳踩的影子也是，連心底都是。我坐在沐浴陽光的戶外餐椅，一口接一口細嚥發著金光的手抓飯，跟著古城一同進行光合作用，漸漸地與泛黃的土地連成一片。

我總算在旅途中學會自處，懂得開始享受一個人的美好，臉上開綻安定的微笑。我彷彿和光同塵，像一條潺潺的清淺，映著塵世的盈缺，不再為誰停留，也不遠赴海流，身同柔情的水草搖曳，與人煙若即若離。

此前，我視一個人旅行為磨練，試圖透過這過程讓自己更蓬鬆、更柔軟，更加坦然面對自己，接受並放下脆弱與恐懼，學習更溫柔和從容地面對猝不及防的挑戰。

希瓦有多座宣禮塔，最高的伊斯洛姆霍賈宣禮塔（Islam Khoja Minaret）也是烏茲別克最高的宣禮塔，高達五十六．六公尺，像燈塔一樣矗立，成了古城裡判別方位的座標，導引我每日返回住宿。

中亞有一句古老的諺語：「我願以兩袋黃金的代價，但求看一眼希瓦。」環著塔內陡峭的階梯，我爬上古城制高點，站在上帝視角瞭望。

從古樸婉約的內城到拔高奔放的外城，這一眼濃縮了千年綠洲的輝煌，也是一幅凍結在地平線上的

希瓦整座城都是博物館，幾步路就會路過經學院或清真寺，一轉身就是宣禮塔

烏茲別克的藍色有千種表情，我被希瓦的一整片藍撲倒了

不老容顏。

西門旁的舊王宮「庫希納堡」（Kuhna Ark）為大多數旅人造訪希瓦古城的第一站，可參觀可汗的前朝和後宮，監獄展示著刑具，造幣廠有稀有的紙幣。若下午五點到訪還有免費的宮廷戲劇表演，結合傳統樂器和民俗舞蹈演出，重現可汗的生活，讓偌大的空間有了靈魂，不再只是憑空想像。

舊王宮的瞭望台是整座古城我最推崇的魔幻舞台，尤其是夕陽時刻，城牆上匯聚滿滿的人潮，牆內是金光熠熠的老城巷弄，牆外是橘紅暮靄覆蓋的新城街廓。

日落後的天色快速變化，暈染成一片紫藤花色的天空，鳥群如墨跡飄越天際，聚光燈打亮了三座宣禮塔。若真能穿越，此刻就是多元宇宙錯亂的那一瞬間。

希瓦另外一座新王宮「石頭宮」（Tosh-hovli Palace）的入口隱身在巷弄當中，內部有多個相似的方形院落，由錯綜的小路連接，穿梭其間像是鬼打牆的迷航，每進一個院落，視覺會被一整片幻藍的陶瓷裝飾團團圍繞，從地板到天花板都繽紛華美，每間房都由一根木頭梁柱支撐，勢單力薄卻更顯雕工精美。

希瓦的兩座王宮是一種對照，舊王宮憑著地段好和格局方正，匯聚人氣和規劃完整，新王宮神隱巷弄，一副不媚世俗的頹美，縱然人去樓空，卻顯歲月靜好，就像《如懿傳》最終如懿領悟「蘭因絮果，花開花落自有時」，遠離了宮門的閑靜，一切彷彿歷歷在目，卻像沒發生過一樣。

朱瑪清真寺（Juma Mosque）是希瓦最古老的清真寺，由兩百一十八根雕花木柱撐起，一眼望去極其壯觀，像是手持長矛的步兵方陣。近看每根木柱的花紋、形狀和柱礎都略有不同，其中有六至七根柱子可追溯到十世紀。我難以辨別歷經千年的木柱，卻深深喜歡這古樸寧靜的空間。

待在希瓦時，每次路過我都會進去看看柱廳，細心感受光與影的偏移和變化。每當望著穿透而凝鍊的光，我就能感受到希望和力量，獲得溫潤且深厚的療癒，那是嶄新的現代清真寺難以擁有的。

每天都會去柱廳，穿梭雕花木柱間，獲得溫潤的療癒

消逝的鹹海

很多東西在我們不知不覺中，已經從這個世界上消逝了，不管排行多前面也難逃走向衰亡的命運。烏茲別克的最終站是比希瓦更遠的努庫斯（Nukus）。

從努庫斯往返鹹海需搭乘來回共七小時的公車，小型公車座位有限，我提早抵達公車站，去程車上塞滿了各式民生貨物，一輛車客貨齊發，回程相對客流少，也有空位可坐。

#怵目驚心的船艦墳場

鹹海曾是世界最大的內陸鹹水湖，如今烏茲別克境內的南鹹海卻已徹底乾涸，恍若沙漠的海床上擱淺了一整排鏽蝕的船艦，讓人怵目驚心又痛心，我們到底把這片星球和土地怎麼了?!

走近船艦，望著腐朽的廢鐵外殼，遙想曾經乘風破浪的光景，它們再也無法啟航了，成為環境變遷最痛的控訴。

蘇聯時期為了開闢棉花田，大量引用鹹海源頭的錫爾河和阿姆河灌溉。烏茲別克的棉花最盛時曾高達蘇聯七十%產量，也導致一九八七年鹹海水位下降，水域退縮，割裂成哈薩克境內的北鹹海和烏茲別克境內的南鹹海。

哈薩克為了拯救北鹹海，二○○五年科卡拉爾大壩竣工，錫爾河的水流只匯入北鹹海，肥水不落外人田，等同判了南鹹海死刑。二○一四年，南鹹海大部分乾涸消失，但北鹹海面積基本恢復，漁業經濟逐步欣欣向榮。

烏茲別克位居中亞最大的棉花生產國和出口國，政府難以放掉手中賺錢的支柱產業，等同宣告南鹹海再難恢復往日榮景。

早期的開發中國家並沒有太多選擇，以犧牲自然環境換取經濟成長，解決了眼前面對的難關，卻難以預料後續衍生的代價。

鹹海的消失是沉痛的歷史教訓，生態環境非常脆弱，每個抉擇都不可逆，願我們在自然環境和經濟發展之中求取平衡，達到永續發展。

返回希瓦停滯幾天，等待登出。

整路鮮少遇到像我這樣時間寬裕、行程鬆散的旅人，甚至一度覺得自己在養老，一直對自己說，無所事事的生活是生命溫柔的餽贈。

從塔吉克就和我不時相逢的香港雙J夫婦，冥冥中有一起走的緣分，我們不約而同申請同一日去土庫曼。在烏國最後一晚，我們確認土庫曼五日的過境簽行程，並研擬好了 Plan A 和 Plan B 來應變。

烏茲別克和土庫曼的兩國海關相距很近，走沒幾步就接上，一踏入，我們神經就緊繃了。

雷吉斯坦是整條絲路最戀戀不捨的廣場，日夜都顯現帝都的壯麗

布哈拉塔（Water Tower Shukhova）由蘇聯時期的水塔改建而成，
在夕陽深處展露一身蒼勁傲骨

課本讀過的鹹海乾涸成一片沙漠，失能的船艦如墮入墳場

希瓦的日落點亮古城亙古的光芒，三座擎天宣禮塔夜裡亮麗如
《阿凡達》的家園樹

驛站五

土庫曼

土庫曼，世界上最神祕、封閉的國家，擁有全球第四大天然氣儲存量，助燃了獨裁政權的烈焰，被封為世界上第二個北韓。這兩個國家在 Covid-19 疫情期間也是少數長期堅持零確診的國家。

土庫曼有錢到不太對外開放，也不注重旅遊業發展，旅遊簽證核發亦為嚴格，是全世界簽證最難申請的國家之一。我一路上遇過無數被土庫曼拒簽的歐美背包客，大大打亂了他們的路線安排，也喪失了神祕國度的探奇旅程。

簽證的挫敗往往沒有理由，得之你幸，不得你命。有那麼一說，中國是土庫曼最大的天然氣進口國，因此土庫曼對中國公民顯然比其他國家友善。

#難纏海關！鬥智靠氣勢

揮別了烏茲別克海關，帶著對未知的興奮和惶恐，我們走向一座亮麗的白色建築，所有人都說土庫曼的海關限制多又難應付，就像拆盲盒般等待謎底揭曉。

一進門，遇上一位漢語很好的警衛，他待過六年北京、一年天津，全程熱情陪同，表格沒有英文版，在他的指導下順利填寫。

傳聞土庫曼的海關相當玄妙，付一樣的簽證費，就算已經拿到押好五天過境簽的紙本簽證，海關人員現場仍有改弦易轍的裁決權，不一定給足五天，也可能砍成三天，甚至聽過只給一天出境的。

真正的大魔王來了。

海關人員看了我們的行程，直接問第一天住哪，Jimmy 機警察覺

一把火狂妄燒了五十年的超狂奇景

到，倘若照計畫第一天就到中部的地獄之門，隔日進首都，極有可能被關員縮短簽證天數，於是回答行程有修改，第一天改住在邊界附近的烏爾根奇（Urgench），第二天前往地獄之門。

我立刻應聲住宿地點已找好，馬上打開地圖APP搜尋烏爾根奇住宿，快速找到一間旅館。

我把手機呈給關員，他瞧了一會，起身離座到後頭，拿起電話打過去確認，明明前面幾國也經歷過靈魂拷問，我內心仍然忐忑不安，表面故作鎮定。

關員一分鐘後回座，愉快地說該間旅館沒問題。我們三人相視而笑，雀躍之情溢於言表，有驚無險地保住五日簽證。

警衛帶我們前往行李X光機，僅口頭詢問有沒有藥、菸或無人機，沒有被認真嚴查就備受禮遇地優先通關，回頭看其他旅客仍在排隊，脫下鞋子過X光機。

超乎預期地快速通關，我們不到上午十點就出了土庫曼的海關閘口，夠時間包車前往烏爾根奇看世界遺產，再前往地獄之門露營，隔日前進首都阿什哈巴德。

蝕骨奪魂的地獄之門

土庫曼有八十%國土為卡拉庫姆大沙漠（Karakum Desert），但此沙漠並非荒蕪不毛之地，反倒長滿了植物，公路兩沿有推展治沙工程。

蘇聯工程師一九七一年鑽探天然氣時，地面崩塌了個大坑，預期將釋放有毒氣體，影響附近鄉鎮，遂點火打算把氣體燃燒掉。原先預估幾星期後就燃燒殆盡，想不到這把火狂妄燒了五十多年，燒的是終會枯竭的天然氣資源，卻也燒出了土庫曼聞名世界的超狂奇景。

來到地獄之門，最經典的體驗自然是夜宿沙漠，就近體驗火坑的魅力。這片沙漠沒有敦煌那麼純粹，混合了一半的戈壁地形。

夜裡的地獄之門，大老遠就能看到一片鏽紅色的激光射向天際，彷彿奪魂禁地，卻又如此引人入勝。一如讓人迷惑和貪婪的魔戒，明知道會萬劫不復的黑化，卻還是執迷不悟的縱身撲去。

我走向噴發焰火的巨坑，閃焰隨著無形竄出的天然氣此起彼落，空氣裡晃動著膨脹的熱風，聞上去並沒有濃厚的瓦斯味。

站在洞沿就能找到夏天，我從羽絨衣脫到剩短袖，此時若乾一杯冷冽的啤酒，那該是人生極享。

想不到營區夜裡挺溫暖的，整夜都沒風。伊斯蘭國家最多的就是地毯，帳篷裡面放了地毯，完美阻絕地氣，另外還附上枕頭，貼心給我們一人兩條睡袋，我睡得暖極了。

你眼中的地獄，是我夢盼又迴的天堂

#我飛蛾撲火，煉造成孫悟空

睡沒幾小時，喚著自己趕緊醒來，趁著夜仍熟睡的空寂，獨自走向魅紅又炙風徐徐的洞口，挑了面東的角度等待日出。

七彩的霞光先出，暈亮了整條地平線，原本被黑夜縫合的天與地，天空瞬間從平地拔起，像是逐層疊高的千層蛋糕，繽紛了赤紅的火坑。

旭日挾著金光，竄流出溫熱，強悍而堅定地拂照戈壁灘，這股飽滿的光亮讓偌大的火坑不再是煉獄，淨化成孕育生命的溫床。

《魯拜集》這段文字相當玩味，「天堂不過是欲望得到滿足的幻景，地獄是一個煎熬中靈魂的暗影」，生命就該學會放寬心去相信，天堂與地獄，是同一尺度的方圓，界線就在一念之隔，一念成佛，一念入魔。

這一刻我終於明瞭了這條路賦予我的生命寓意，是天堂也是地獄，此刻的我真心又真空，純淨而濃烈，只剩下眼前這條路了。

我張開雙手，像是敞開炙熱的翅膀，一如電影《大話西遊2》，至尊寶戴上緊箍咒，穿上金甲聖衣，拿起金箍棒，成為孫悟空的場景。

漫漫長路中，我學會割捨依戀，放下執著，拋下孩子氣，獨自承擔起生命的重任。至尊寶是還未長大的少年，孫悟空是終將成熟的未來，如果我還是冥頑不馴的至尊寶，我就無法轉身，成為西天取經的孫悟空。

這條西行的絲路，是我的修煉之路，也是飛蛾撲火的宿命。人的一生就該用一整幅的青春，在逐夢的路上燃燒成灰燼，並在浴火中重生。

當某天看《大話西遊2》會潸然落淚，發現不是喜劇，而是戲謔人生悲涼和傷痛，就代表了成熟與長大。

絲路上有兩場日出褫奪過我的靈魂，一場在敦煌，另一場在地獄之門。也許在無邊無際的量尺上，才足以體現洗盡迷闇之心的萬丈光芒。

地獄之門共有三個系列景點，一般遊客只去最大的火坑，包車可請司機加碼造訪另外兩個坑，一個是冒小火的小地獄之門，一個是填滿水的地獄之門。

整個城市純粹到只剩下白色，全部以大理石打造

炫白的大理石之城

土庫曼首都阿什哈巴德是我此生見過最美的城市。當車子駛進市區，地平線上的建築純粹到只剩白色，彷彿被豔陽永恆眷顧，永晝般明亮炫目，帶著超現實的不真實感。

土庫曼的一切充分體現了總統的喜惡。更精確來說，當你在這國家看到任何超乎常理的現象，幾乎都能直接歸功於「因為總統喜歡」。

這座國家白皙的精美表象掩蓋了淤濁的真相，在非政府組織的各項國家評比裡，土庫曼的「民主指數」被列為專制政權最嚴重國家，「全球清廉指數」列為最腐敗國家，「新聞自由指數」與北韓一起敬陪末座。

#萬般奇葩盡歸總統任性

兩任總統對於白色和金色有絕對的偏執。總統認為白色有助國運昌隆，立法規定建築外牆需使用從義大利進口的白色大理石，造就了城市建設一派潔白宏偉，二〇一三年獲得金氏世界紀錄「世界上擁有最多大理石建築的城市」，展示出天然氣資源帶來的財富。

第一任總統尼亞佐夫（Saparmurat Niyazov）是開國兼鎖國的國父，其瘋狂事蹟不勝枚舉，北韓根本望塵莫及。他效法羅馬帝國的凱撒大帝，重新命名十二個月分，一月是他自己的名字，四月是他母親的名字，九月則用他的著作《靈魂之書》（魯哈納瑪）來

城裡每一步、每一幕，
滿滿驚歎和不可思議

命名。

說到這本前總統二〇〇一出版的哲學著作《靈魂之書》，既是升學與政府公職的必考內容，考駕駛執照也要通過《靈魂之書》筆試，被封為「土庫曼人的聖書」。

前總統命令書店和政府機關要明顯展示該書，清真寺必須以《古蘭經》規格收藏，他甚至在首都設立該書的巨型雕像。此外，前總統建造了中亞最大的吉普恰克清真寺，牆上也銘刻了《靈魂之書》詞句，與《古蘭經》並列。

前總統尼亞佐夫表示，每天讀《靈魂之書》三次就可以自動上天堂。二〇〇五年，他以火箭向太空發射一個盒子，裡面放了《靈魂之書》和一面土庫曼國旗，這本書已經征服了宇宙！

尼亞佐夫任內還推行了多項驚絕世人的政策。他關閉圖書館和首都以外的醫院，禁止鑲金牙，禁止舞蹈、戲劇、網路和電子遊戲，禁止車內聽廣播，禁止化妝（尤其是新聞記者和電視主持人），禁止年輕男人留鬍子和蓄長髮（除非七十歲以上）……每項政策背後的肇因都相當奇葩，可自行上網獵奇。

尼亞佐夫統治的十五年內共樹立了一萬四千座雕塑，最讓全世界驚呆的七十五公尺黃金雕像底座設有旋轉裝置，能追隨太陽移動。他去世後，旋轉雕像被移至郊區。

第二任總統別爾德穆哈梅多夫（Gurbanguly Berdymukhamedov）於二〇〇七年上任後做了多項校正回歸，首都開設了免費網咖，撤銷各種個人崇拜措施的命名，恢復教育學制和科目，重啟首都外的醫院，逐步改革走向開放，致力與世界經濟接軌。

別爾德穆哈梅多夫是被政治耽誤的作家，牙醫出身，擔任過衛生部長，寫過十本醫藥植物的書，一本國寶「中亞牧羊犬」的書，四本國寶「汗血寶馬」的書，並在二〇二〇年出版了第五十三本著作《土庫曼人的精神世界》，堪稱《靈魂之書》2.0進化版，一推出就迅速攻占各大公共場所並設置專櫃。

他還是運動達人，精通馬術、賽車、射擊、自行車、帆船、舉重、空手道和跆拳道，同時也是音樂達人，擅長彈鋼琴和吉他，還會創作歌曲，堪稱跨界狂魔的全能領導人才。

二〇一五年為「因應大量民眾請求」，別爾德穆哈梅多夫塑立了第一座二十一公尺高的個人黃金雕像，底座為大理石打造的高聳平台。他身騎汗血寶馬，伸起右手敬禮，手前飛躍一隻和平鴿，這座金光閃閃的巨大雕像，在市區內顯而易見。

現任總統的第一尊雕像絕不是為了個人私欲，是為了發揚汗血寶馬。二〇二一年，為了紀念愛犬，他塑造了一座六公尺高的「中亞牧羊犬」黃金雕像，並下令每年四月最後一個星期天為「中亞牧羊犬」節日。（二〇二二年由他兒子謝爾達爾·別爾德穆哈梅多夫〔Serdar Berdimuhamedov〕當選為新任總統）

大清真寺是必訪景點，
總統家族陵墓在此

#油價比水便宜

先前聽聞土庫曼東西貴又難買，我特別從烏茲別克扛了一周的食物和飲水。來了後才發現，超商什麼都有賣，而且什麼都買得到，物價又不可思議低廉，很多東西便宜到足以稱霸整條絲路。

土庫曼盛產天然氣和石油，一公升油價只要一．五土庫曼馬納特，換算約新台幣三塊錢。一罐五百CC百事可樂，超商賣約新台幣十元，就連一大杯生啤酒也只要新台幣十二到十四塊，絕對每餐都要暢飲！（二〇一九年物價）

讓我們最意外的是，土庫曼超市的國際品牌比中亞最會拚觀光的烏茲別克還齊全、還要多樣化，可見開放觀光並不代表市場國際化。

土庫曼什麼都便宜，唯一貴的就是住宿。由於較封閉，觀光業不興盛，土庫曼的住宿選擇並不多，背包客住宿一晚十到十五美元，中階旅館斷層，接著跳級到三星級飯店一百美元，但三星級未達應有水準，再來價格揚升到兩百到三百美元以上的五星級飯店。

我們住在一般背包客首選的Kuwwat Hotel，也是這城市住得起的唯一選擇，外國觀光客一晚收費十美元，當地居民同房型一晚只收一美元，由此可知落差之巨。

了解物價後，我們決定豪奢一次，直衝當地的頂級牛排餐廳AlpEt Steakhouse。餐廳位於半山腰，能展望城市夜景，店內裝潢一流，我掩藏住暴發戶的氣質，以優雅迷人的英文order菜單上最貴的頂級肋眼牛排，要價新台幣一百九十元，不點對不起自己。

另外，我們不停打破路上聽聞的各種謠言。網路上都說，土庫曼上網很難、很貴，會人間蒸發般失聯五天，其實我們順利突破封鎖，每天都能連網，也沒花費太多錢。

我在旅館附近發現一家Internet Cafe可以連線上網，一小時僅五馬納特（約新台幣十元），只要拿護照登記一下就可使用。這家是很純的網咖，只有網路連線服務，沒有提供餐飲服務。

不過，土庫曼的確有強大的擋火牆，臉書是被封鎖的，一路身經百戰的我們早早備妥VPN。一連上網就迫不及待打卡「地獄之門」，炫爆朋友圈的同時，更大的意義是為自己留念，每年動態回顧都能看到那時堅毅的自己。

#處處是金氏世界紀錄

身在土庫曼的每一秒都彌足珍貴，扣掉前後兩天出入境，僅存三天半的旅遊時間，我們採用包車，以兩天半的餘裕，深度探索首都阿什哈巴德。

土庫曼和北韓一樣，市區不能隨意拍照，尤其是政府機關，偏偏最美的都是政府機關，外頭或街上都有警察站崗和巡邏，只能在移動過程中搶拍，車內就可以安穩的拍，或是稍稍遠離政府機關就能任意拍。

明明外表看上去是座白皙如夢境的城市，卻處處蘊含驚喜包，每走幾步路就會打開一顆健達出奇蛋，嘖嘖稱奇，不停驚歎「好美」、「好乾淨」、「又是大理石」。我在某一座地下道拍照，被迎面而來的警察追著跑，好在稍有跑步天分，順利逃出生天。

俄羅斯市集是第一站行程，市集的建築外觀是經典白色，市場的公布欄和電視公告了所有商品的即時價格，定價完全公開透明，購買前先確認好商品的公告定價就不會被坑。

紀念品店裡的編織品或工藝品，土庫曼人民皆實際穿著和使用著，不管在街頭或公車上，都可以看到婦女穿著傳統服飾，搭配繽紛的民族圖騰配件，連身服飾會顯現修長身型和腰身，有些女性還穿著高跟鞋，在白色城市的背板裡移動，格外出圈。

而隨著現代化發展，國家名產店賣的工藝品大多變成了陳列展示的藝術品，頂多在重大慶典躍上舞台，象徵民族的多元和團結，喪失了實用價值。

首都可見證多項金氏世界紀錄。國家電視台塔是世界上最大的星形建築，地毯博物館展出全世界最大的手工地毯，面積達三百零一平方公尺，以及全世界最大的室內摩天輪（Alem Center），千萬要前往搭乘！

摩天輪在外觀蓋上一層玻璃帷幕，並非蓋在室內，原以為沒有營業，在櫃台購票後，工作團隊馬上營業，迅速上崗啟動摩天輪。摩天輪轉得比想像中還快，視野能穿透玻璃窗直眺憲法柱，俯瞰壯觀的白色大城，門票便宜得叫人還想再坐一次。

我們沒去地毯博物館，反倒參觀了歷史博物館，歷史文物對我們更具吸引力。博物館廣場的長長迴廊有如梵蒂岡的聖彼得廣場，館裡最聞名的展品莫過於象牙雕刻的尼薩角杯，能看見帕提亞人對於希臘藝術的推崇，顯現皇室貴族的文化品味，彰顯遊牧民族並不粗鄙。

#撞球全被總統改成白色

阿什哈巴德每一條街道都有獨特風格，城市設計師來自法國，端看細節相當精美，設計公式為白金色和八角星，紀念碑、雕像、電話亭、電線杆、公園座椅和垃圾桶都屬精品，是中亞少見的歐風設計。

土庫曼的美，說浮誇但不粗糙，在細節上層層堆疊，我們不停驚歎，迷戀精雕細琢的優雅，不停天旋地轉的深深淪陷。

雙J夫婦之前去過哈薩克的新首都阿斯塔納，同樣是重金打造，他們說那城市太赤裸的浮誇，像把澳門飯店區的建築群塞在一起。土庫曼建築優雅又古典，錯落有致地舒展開來，走進內部細節也用心設計，他們更愛阿什哈巴德。

百貨公司裡，我瞄到一家撞球館不太尋常，檯上的多色撞球竟然全被改成白色，為了錄製影片，我打了一小時撞球，根本眼花撩亂！

因為總統喜歡白色，就將撞球改成白色，城市裡的路燈超密集，沒走幾步路就一盞，我合理懷疑總統是不是怕黑？

土庫曼是驚喜滿點的國度，超狂、超華麗、超震撼，成了整條大絲路的一聲驚歎號！

撞球被總統改成白色。
剩下單色，你還會打嗎？

地獄火坑炫亮了沙漠夜，向無邊宇宙煥射希望之光

世界最大的室內摩天輪，票價超便宜，台幣五元

土庫曼獨立柱。整個城市採歐風設計，靈活展現伊斯蘭元素

首都夜裡浮誇的超密集路燈，難道總統怕黑?!

驛站六

伊朗

整座城都哭泣的千年國殤

離開土庫曼的流程相當順利，僅行李過X光機。我們搭邊境巴士抵達伊朗海關，入境程序簡便，唯獨特別的是關員會詢問「要不要在護照上蓋章」，可配合旅客個別需求。

每次走出關口，司機都像豺狼虎豹撲來，一連串刀光劍影的議價。想不到伊朗包車意外順利，我們很快洽談到合理價格，前往伊朗第二大城馬什哈德（Mashhad）。

初入聖城馬什哈德，視覺上滿布壓抑的黑色，人們皆穿黑色衣著，女人頭戴黑色頭巾、身著黑色罩袍，全身只露出眼睛和雙手。明明在新聞和電影中看過，親眼目睹的衝擊還是很強烈，讓我石化在路邊觀望許久才適應。

此地住宿大多採電話預訂，我路邊找了間有 Wi-Fi 的旅館採採房價，一晚四十美元超出預算，就在大廳點了咖啡、蹭 Wi-Fi。年輕的旅館老闆在櫃台處理房務，不時開玩笑嚷著：「Wi-Fi 超時了，要加錢。」

我委請同在伊朗的澤宇幫忙打電話訂住宿，蹭完網路要離開時，老闆叫住我，退回我在櫃檯付的錢，一臉笑意要請我喝咖啡，只要我在網路上分享：「伊朗是個好國家，伊朗人民都很熱情。」

雖然他一直跟我嬉鬧，但我瞬間被他融化了。伊朗的市井小民以微薄之力款待外國遊客，期待能以國民外交，讓外國人對伊朗改觀。

伊朗，跟我想得不一樣。

#聖城哭了千年，依然撕心裂肺

絲路穿越了多國，有兩地最讓我椎心刺骨的沉痛，一是敦煌莫高窟，另一是馬什哈德。

伊瑪目禮薩（Haram-e Razavi）是什葉派歷史上第八位伊瑪目，西元八一八年被阿拉伯哈里發以毒葡萄殺害，安葬此地，小村落因此發展成什葉派聖城。馬什哈德意即「殉道之地」，是伊朗宗教氛圍最濃厚的城市。

伊朗是最大的伊斯蘭教什葉派國家，什葉派史上十二位伊瑪目中，只有伊瑪目禮薩的陵墓在伊朗境內，其餘十一位（除了最後一位隱遁）都埋葬在伊拉克和沙烏地阿拉伯，因此馬什哈德每年吸引超過兩千萬伊斯蘭信徒朝聖。

適逢伊瑪目禮薩殉難日前夕，廣場上大批身著黑衣的悼念隊伍，男女老少無不哭紅了雙眼，轟鳴的鑼鼓搭上悲愴的歌聲，人們跟著魔性的節奏用手重捶胸口，或拿鍊條鞭打自己，重現伊瑪目禮薩殉難時的苦痛。

空氣中彷彿飽含催淚瓦斯，瀰漫著撕心裂肺的痛感。穆罕默德八世外孫、備受人民愛戴的伊瑪目禮薩，一如昨日剛被毒殺，每位信徒都剜心蝕骨，雙眼滿溢憾痛的眼淚。淚水已經流了一千多年，兩派的征戰是不解之局，永無寧日。

連綿的悼念隊伍像極了台灣廟會的陣頭，各隊有各自的特色，令我嘖嘖稱奇的是身上頂著一排金屬神器的人，造型各異的神器上插著紅色或綠色羽毛，重量很沉，需要眾人輪流接力前行。

身扛金屬神器，悼念隊伍瀰漫著不可承受之重

伊瑪目禮薩聖陵是一整片宏偉的建築群，入口安檢和機場一樣慎重，為了預防恐怖攻擊，只允許錢包和手機隨身攜帶，背包和相機都要寄存，並由英語導遊帶領參觀。在庭院穿梭中能感受聖城的磅礴氣勢，內部的柱子到天花板都由鏡面裝潢。

我隨著人潮魚貫進入伊瑪目禮薩的長眠之地，人群湧向位於中央的聖龕，激烈態勢堪比搶頭香，只見人人爭相觸摸或親吻聖龕，以獲得祝福和好運。

聖城永恆的痛，
淚永遠無法抹乾

伊瑪目禮薩聖陵內部
全由鏡面裝潢

初見德黑蘭

我搭夜鋪火車前往德黑蘭，上鋪睡得一切安好。搭夜車我習慣一早即醒，車廂裡仍鼾聲大作，我已走向清冷的空廊，順著窗邊溫柔的晨光輕快地掠過荒野，直到密密麻麻的大樓插滿窗景。

我搭地鐵前往 Tehran Heritage Hostel，由於伊朗被隔絕於世界之外，許多住宿都無法使用網路預訂和刷卡，這間能用網路預訂可謂謝天謝地。大門口電鈴處貼著中文使用說明，推測華人是主力客群。

走進大廳，看到澤宇和家綸悠哉吃著早餐，當作在吃超值全家餐。澤宇是我看過最強的抹醬大師，能把果醬像鋪水泥般均勻又厚實地鋪平在饢上。他抹過一片接一片，一頓早餐基本要吃兩小時，直到早餐時段打烊才休兵。

我挺喜歡這間青旅，環境舒適又提供早餐，中庭水道噴著一排沁涼的水花，類似卡尚的花園，地理位置又緊鄰地鐵，離主要景點都不遠。

澤宇教我認識波斯文數字的一到十，他俐落到能夠快速轉換。我們一起去大巴扎旁邊換錢，黑市換匯人多好辦事，總金額大的匯率比較好，能理直氣壯談判，對方也不敢亂動手腳，我們分工確認鈔票張數，就算身懷巨款，人多也能互相照應、不怕被搶。

#基礎建設完好，一夕成世界棄兒

伊朗曾經是中東最西化的國家，一九七〇年代的德黑蘭儼然是座西方城市，女子可以穿迷你裙和比基尼，也可以參加喝酒派對、聽搖滾樂，人民擁有言論和選舉權。伊朗的ＧＤＰ總量像火箭一飛沖天，全世界排行第九，亞洲僅次於日本。

伊朗在巴勒維王朝執政時期進行了一系列西化改革，和美國相當友好。一九七一年，紀念波斯帝國兩千五百周年的盛典在波斯波利斯遺址舉行，建造了占地一百六十公頃的帳篷城以迎接前來與會的六十多國領導人，總花費約三億美元，被譽為「世界歷史上最盛大的狂歡派對之一」。

巴勒維採大政府的計畫經濟體制，短時間內完成了現代化和工業化，卻也導致嚴重貪腐和分配不均，尤其是那場好大喜功的奢華典禮招致了廣大中產階級的反撲。一九七九年，伊朗爆發伊斯蘭革命，霍梅尼（Ruhollah Khomeini）的傳統宗教勢力以強大的傳播和動員能力，坐享革命果實。

伊朗終結了君主專制，卻迎來了政教合一的神權時代，限縮人民的自由和女性的權利，強制女性戴起頭巾，瞬間以光速倒回中世紀，巴列維時代欣欣向榮的光景，成了伊朗近代史最不可思議的南柯一夢。

我對電影《亞果出任務》（*Argo*）印象深刻，一到德黑蘭，第一站前往「原美國大使館」，醜化美國的牆壁彩繪尤為著名。

時間回到一九七九年十一月四日，霍梅尼煽動數千支持者衝入美國大使館，九十名職員中有六十六人遭扣押為人質，展開長達四百四十四天之久的「伊朗人質危機」事件。

美國大使館被占領時，有六名美國人成功逃脫，躲藏在加拿大大使安排的公寓。他們獲得了假的加拿大護照，於一九八〇年一月二十日加國使館關閉時，安全搭乘國際航班逃離德黑蘭，未暴露美國公民身分。故事背景被改編成電影《亞果出任務》。

大使館內部宛如時空膠囊，每個角落都讓我驚喜萬分，外觀保存完好的舊電腦、打字機、電報機、訊息加解密機和碎紙機，還有防止竊聽的會議空間，也許這裡曾經運籌帷幄七〇年代的美蘇諜戰。

場景太生動擬真，我依稀能夠

原美國大使館，清晰封存著劍拔弩張的驚心動魄

還原被圍攻當天，使館人員連忙破壞通訊設備，因為火爐故障，使用碎紙機銷毀大量檔案文件。伊朗攻占後，出動大批人力將銷毀文件拼湊還原，揭發了美國間諜和種種計畫。緊密的空間裡蘊含了劍拔弩張的巨大能量，讓我心跳加速。

#夢幻開局，一手好牌打得稀爛

世界局勢瞬息萬變，大國因利益拉幫結派，敵友關係變幻莫測，伊朗和美國曾是緊密的盟友，隨著伊斯蘭革命斷交，開啟一連串制裁，交惡至今，伊朗成為世界經濟體系的棄兒。

伊朗本來夢幻開局，既是文明古國，又憑藉豐富的石油和天然氣儲備成為中東第一（世界第四大產油國、第二大天然氣儲量國），還擁有中東難能可貴的可耕地與水源，人口總量在中東僅次於埃及，勞動力充足且受教育程度高，卻把一手好牌打得稀巴爛。

歷史充滿了不可預知性和戲劇性，總是滑稽和眾聲譁然，「伊斯蘭革命」成了接下來一路的申論題，每次和當地人談論起來都是感歎萬分。也許經過煉獄般的鍛鍊，才能打造出一個適切靈魂自由和宗教信仰，以及國家經濟發展的道路。

#波斯皇宮的榮光，如貓安靜迷離

在波斯語中，古勒斯坦宮（Golestan Palace）的「Gole」是「花」、「Stan」是「地方」，合起來為「鮮花盛開的地方」。伊朗

波斯帝國，寂靜得如貓無聲悄離

古勒斯坦宮，看見波斯
皇室的榮耀和輝煌

的國花是大馬士革玫瑰，古勒斯坦宮又被稱為玫瑰宮。

皇宮始建於薩非王朝，十八世紀卡札爾王朝定都德黑蘭，國王納賽爾丁成為首位出訪歐洲的波斯君王，帶回了濃濃歐風的啟迪，後來成為波斯建築的精華，見證波斯皇室的榮耀和輝煌。

有人說卡札爾王朝與大清帝國拿了同一套劇本，朝廷腐敗時期，適逢西方崛起，國土被列強喪權辱國的割讓，國內面臨人民不斷起義，年輕皇帝起用大臣變法圖強，因觸及當權派的既得利益而失敗，最終由掌握軍權的大臣政變上台，也就是巴列維王朝。

我們買了三個區域的參觀門票，分別是王宮主體、大理石寶座殿和風塔。最值得一看的是鏡廳，彷彿匯聚了世間能夠閃閃發光的介質，我走進密密麻麻的鏡片海，每一步挪移都像變幻的萬花筒，讓人眼花撩亂地不停旋轉。

宮牆上的磁磚壁畫，大面積呈現伊斯蘭幾何圖形和花草鳥獸，那是中亞未曾見過的繽紛多彩，卻又不失典雅，宮裡棲息了不少貓，時光彷彿跟著牠們靜了下來。

#驚喜慶生宴

一個人旅行久了，旅途上的生日，不抱太多期待，本以為會無痕度過。

有些人一見面就很投緣，在青旅認識了阿翔和楚彤，我們一見如故地互訴衷腸，一起逛了皇宮後，他們一得知我生日，馬上在巴扎買了蛋糕，並決定煮一桌中菜慶生，

謝謝你們的暖心慶生，
以及一桌好味的中菜

由於我傍晚要趕火車去大不里士，大夥還提早下廚。

整個青旅瀰漫炒菜的香氣，祕訣是用海底撈的麻辣鍋底當炒料。氣味吸引了不少外國背包客前來窺探，讓我見識到醬料的重要性。長途旅行的背包裡絕對要帶家鄉味的醬罐：老乾媽、維力炸醬或干貝XO醬，我甚至看過行李箱內的一大塊重慶麻辣鍋底乾燥磚。

三菜一湯上桌，番茄炒蛋、可樂滷雞腿、麻辣芥藍牛肉和紫菜蛋花湯，每一道都是熟悉的家鄉味，挾帶濃厚催淚的人情。也許是生日這天心裡特別柔軟、特別容易觸動。

中文版的生日快樂歌後，我許了願，願大家旅途平安順遂，願未來能再結伴同行，吹熄了蛋糕上的蠟燭。感謝這一份儀式感，成了我人生難忘的一場生日。

那一刻心好暖，暖到不想離開，大夥送我送到門口，我把小相機遺忘在餐桌上，阿翔還追出來，結果我差了一分鐘，沒趕上火車，馬上轉往客運站，搭長途客運去大不里士跟澤宇和家綸會合。

雖然錯過一班車，我卻擁有一群人的溫暖，就算客運慢一點，只要能到達就好。

熱情與狂野的大不里士

大不里士（Abriz）位於伊朗西北部，自古即是絲路重鎮，十二至十八世紀是世界上重要的國際貿易中心與文化中心之一。大不里士為伊朗的亞塞拜然區，使用亞塞拜然語，屬伊朗最大的一支少數民族。

第一次搭乘VIP客運，果然如傳聞中舒適，每張座位都有液晶螢幕，座位間距夠寬，座椅能後倒睡覺，還有延伸至大腿的腳墊，車程中發放餅乾和飲料，是大絲路上搭乘體驗最佳的客運。

原本要和澤宇和家綸搭同一班火車，我因慶生改搭晚一小時的客運，他們則遇上火車誤點，我變成比他們早到大不里士。

沙發主 Amir 是當地的網紅，平時熱愛騎單車，個性率真又帶點瘋癲，用白天工作之餘盡責接待我們。

大不里士有伊朗規模最大的有頂巴扎，始建於千年以前，現存的磚石建築結構多半是十八世紀修建，二〇一〇年被列入世界文化遺產，漂亮的拱形屋頂串聯四面八方，也是出了名的大迷宮，跟著 Amir 就能安心閒晃，不怕迷路。

巴扎外的巷口，我們被一位裁縫店的爺爺叫住，邀請我們進店喝茶和吃乾果，原本不明所以，看見他桌上的留言本寫滿了多種語言的文字，瞬間理解他想和各國旅客學習和交流。老爺爺說五年前他一句英文都不會，如今已能順暢的侃侃而談，他不光只是學習語言，也學

大不里士巴扎為伊朗最大，我買了首屈一指的地毯

習認識未知的巨大世界。

他詢問我們的行程，聽到一整條絲路，嘖嘖稱奇，用波斯文寫了一張明信片送我們，並以英文朗讀內容，大意是祝福我們的旅程順利和收穫滿滿。我甚為感動，爺爺開這店家不光做生意，而是讓自己不斷學習和成長，讓有緣駐留的旅客獲得美好又溫暖的祝福，並銘記著爺爺活到老、學到老的精神。

大不里士被列為「世界地毯編織城市」，地毯無疑是該城瑰寶，既然有在地人助攻，我買了一條手工地毯當作紀念品，大背包愈來愈沉。

大不里士僅兩日行程，我們捨棄歷史景點，隨興從 Instagram 挑了兩處好拍的景點，一天去砍多萬（Kandovan）石頭村，一天去贊詹（Zanjan）彩虹山。

大不里士給我的感受，日夜都是狂野的。Amir 熱愛載歌載舞，每晚都會端出私藏白酒，只要酒一落喉，音樂響起，他就熱情的舞力全開，那種歡樂會傳染，就像張惠妹演唱會〈三天三夜〉音樂一下，雙腳就不自覺離開地球表面的跳動。

酒過三巡，Amir 哀傷地說，他被亞塞拜然驅逐出境，三年內禁止入境，我們驚訝詢問緣由，原來他曾在鄰國亞塞拜然打黑工，期間交了一位女友，甚至買好了戒指準備求婚，卻被警察查緝到非法打工，遣返出境。

兩人被迫分隔兩地，Amir 因抵不住思念，跳下界河，泳渡到亞國，卻被駐守河岸的軍人逮捕，判刑三年禁止入境。他拿出抽屜裡的法院判決書，指著解禁的日期，還剩一年，他就可以和女友重聚了。

Amir 撇過頭，擦去臉頰上兩行淚水，哽咽道：「我好想她！我依然愛著她！」我們舉杯敬 Amir，祝願此刻的虐戀，一年後能迎來圓滿大結局。

#我是長輩緣爆表的宇宙金孫

搭乘火車返回德黑蘭時，我走進四人硬臥包廂，看到裡頭坐著兩位阿姨，當下有點困惑。照理說，伊朗不太允許男女同一空間，但兩位阿姨老神在在，我也就不疑有他的坐下。

車行十分鐘，頭戴黑色頭巾的阿姨本來好端端講著手機，突然放聲大哭，足足哭了半小時，那種悲傷極度引人憐憫，像是至親遇上了變故。掛掉電話後，她和身旁花色頭巾的阿姨促膝長談，逐漸開展笑顏。

兩位阿姨試圖跟我聊天，她們的英文詞彙僅限「OK」和「YES」兩個單字，我們以比手畫腳的肢體語言來溝通。阿姨雖然大多時刻不明所以，依然相當熱中於找我有一搭沒一搭的交流，甚至請我吃車上賣的晚餐便當，掏出包包裡的食物餵食我。

車廂裡最後一個位置是位男生，他上車後，發現座位和女友分隔不同車廂，試圖跟我換位置，要我去另外一個車廂，但兩位阿姨幫忙堅決婉拒，把我當成了自己人。

晚飯後，我開始昏昏欲睡，阿姨見狀幫我塞枕頭套和鋪床墊，像母親一樣喚我上床，並幫我蓋上棉被，要我先休息。

幾小時後，黑色頭巾阿姨接到女兒的電話，要女兒擔任翻譯，跟我聊聊天，阿姨女兒說阿姨此行是從德黑蘭去大不里士買地毯，她很喜歡我，一臉笑口常開，就像看到自己兒子一樣，還覺得我太瘦，要多吃一點。

還記得每次算命時，老師都會說「你很有長輩緣和貴人運」，這趟絲路我充分感受和印證，不分國家和種族，處處長輩緣大爆發，不知道是我長得討喜，還是一副欠幫助的惹人憐愛。適時示弱，也是一種頑強的生存之道。

長輩緣大爆發！火車上的阿姨待我如親生兒子

卡尚聚禮清真寺和帶我展開奇幻深度體驗的攝影師 Ali

心靈寓所卡尚

我搭乘巴士一路向南，前往綠洲城市卡尚（Kashan），那裡遍布美麗的波斯花園，以盛產玫瑰而聞名，又稱玫瑰之城。

一路上巴扎看多了，難免產生審美疲勞，但走進卡尚巴扎的中心地帶，一眼看到華麗的蜂巢狀穹頂，鏤空的洞口注下光束，我立刻為之屏息心醉。那一刻寧靜得像一幅不被打擾的畫。

這裡本是建於一八六八年的米爾扎．阿里汗驛站（Khan Amin al-Dowleh Timche），穹頂四周為地毯商鋪，正中央有一座噴水池，我徘徊再三，瞇著眼睛，反覆以單眼相機收攝，突然一位身穿白色襯衫的男子，肩膀斜揹一台單眼相機，輕聲詢問「需要幫忙拍照嗎」。

他是當地攝影師 Ali，帶我晃過了整個大巴扎的私房視角，在他熟稔又戀棧的角度駐足，捕捉市井小民的日常生活風貌。

我倆的緣分是一拍即合，Ali 是接案型的攝影師，偶爾才進公司，恰巧可每日充當地陪，我不時對他說著感謝，他說：「伊朗人就是好客，因為你是我的客人，我要帶你看見最美的卡尚。」

卡尚每個景點都由 Ali 穿針引線，我每張照片都出自他的創作。他帶我造訪卡尚著名的「三宅一浴」——宅指的是波斯傳統宅院，意即民間豪宅——分別是布魯傑迪宅院、塔巴塔巴依宅院和阿巴斯宅院，一浴指的是艾哈邁德蘇丹浴室。

三大宅院的特點就是美輪美

艾哈邁德蘇丹浴室，
伊朗浴室的典範

奐，無論是穹頂還是牆面彩繪，圖案繁複，作工細緻，走在偌大院落中，依然能懷想往日輝煌。

整條絲路遇上很多土耳其浴室，艾哈邁德蘇丹是我心目中最美的一座，是伊朗浴室的典範。穹頂和牆面的圖騰配色典雅，仔細一看是細緻的立體雕刻，美得令人心醉，若能在此沐浴是人生極享。

而這世界上如果有天堂寓所，我想就是費恩花園，伊朗最古老的皇家園林，也是波斯花園的代表作。高大挺拔的柏樹林間，建築散發著豪奢，冒著山泉水的渠道池底鋪設藍色磁磚，將水色投映出飽和的沁涼。

整座花園遍布綠意和流水，水道如葉脈暢流每個角落，流竄如冰箱輕開的冷空氣，撲面直襲心田深

費恩花園是我心目中
的天堂寓所

處。

費恩花園完美了我對於綠洲的美好揣想，我願躺在這豐饒的綠舟上無盡蕩漾。

在我心中，卡尚成了如江南般的樂土，如果要在伊朗挑一地居住，卡尚就是水草豐茂的心靈寓所。

我每天都被 Ali 邀請回家吃晚餐，每晚都要我留下來睡覺。伊斯蘭人家裡備有很多床墊和被子，客廳的開闊空間都鋪有地毯，隨處都方便打地鋪。

伊朗人招待客人不遺餘力，那種熱情已經情同家人般珍視，打破了我對世界的想像。

最後一晚離別前，Ali 媽媽送我一條手鍊，她說「我只送東西給有價值的人」。這幾天她都在一旁不發一語的笑著，想不到是整場埋伏最深的那顆大洋蔥，我眼眶的淚努力撐著，直到拍完合照以後，才以手背擦拭掉。

布魯傑迪宅院展現宅邸的磅礴氣勢

#打破男女禁忌的沙漠狂歡派對

原本卡尚只停留兩天，但 Ali 盛情邀約我去沙漠裡參加狂歡派對，有機會和當地年輕人一起玩，千載難逢，讓我得以窺探伊朗人私下的生活樣貌和休閒娛樂。

擠在塞滿行李的後座，歷時好幾個小時的震盪，我和 Ali 的朋友抵達沙漠派對營地，外圍停了幾百輛車子，各群體的帳篷在沙漠中各據山頭，一簇簇燈光如烽火燃遍整座沙漠。

只有我一張外國臉孔，我途經每個聚落都備受禮遇，人人盛情邀約我留下來喝茶和吃飯，或是抽一口水菸和拍一張合照。

Ali 的堂弟 Nik 是位ＤＪ，號召了大批友人前來。當營火燒紅到劈啪作響，Nik 站上ＤＪ盤以幽默的口吻炒熱氣氛，彈指落下帶勁的電子樂，敲碎了所有人身上束縛的枷鎖，自由靈魂如趨光的飛蛾，在舞池翩翩起舞。

Nik 特別介紹場上有一位來自台灣的朋友，讓我成了整場注目焦點，不停被拉進各小群裡跳舞，人人輪番找我尬舞，Ali 則化身貼身保鑣，不停把我拉出來，第一次覺得自己在舞池裡很搶手。

這裡沒有道德警察，女性摘下了面紗，異性間弭平無形的壕溝，舞池裡眾生無別，儘管近距離自在熱舞，縱情成一團熾燃的野火，爆燃跳動個三天三夜都沒問題。

要逃到夠遙遠、夠寬廣，人們才能回歸生命的本真，恣意綻放和昂揚，沙漠彷彿能夠吞噬所有的愛恨和悲歡。

熱舞後，眾人回到帳篷繼續喧囂，在一連串酒精和捲菸的催化之下，伊朗沒有我想的百般禁忌，我看到了《越禁忌越美麗》的雙面伊朗人：每個伊朗人都生活在兩個世界裡，公共的和私人的。

感謝 Ali 帶來的奇幻旅程，伊朗自此在我心中長成了一朵鮮妍的玫瑰，化作一記豔紅火熱的唇吻，讓我一再破防，融化到天旋地轉。

每一根荊棘都蘊含深不可測的哀愁，沒有人願意活成孤島，伊朗依然溫柔純淨得惹人憐惜，依然奮力堅毅地向陽而生，也驚豔了我凝望世界的眼眸。

打破男女禁忌的沙漠派對，自然流動和盡情舞動

波斯帝國的雄魂

#伊斯法罕，半個世界的繁華

絲路出了中亞，就像換了一個世界，在伊朗感受到前所未有的繁榮，食物種類選擇多元，庶民經濟的商店街和夜市遍布。

伊斯法罕位於伊朗正中央，是伊朗第三大城市，是古絲綢之路南路上的要站，地位相當於烏茲別克的撒馬爾罕。薩非王朝將伊斯法罕定為首都。

波斯諺語「伊斯法罕半天下」霸氣闡明了此地十六和十七世紀蓬勃發展的熱鬧與繁華，相當於看盡了半個世界，人口高達六十萬到一百萬，與中國北京為旗鼓相當的世界大城。

伊斯法罕最有名的景點是伊瑪目廣場，是世界第二大，規模僅次於北京天安門廣場。這裡就像一座巨大的四合院，四周環繞著清真寺，設有迴廊貫通商鋪，販賣紀念品和工藝品。其餘市中心景點，伊瑪目清真寺、羅特非拉清真寺和阿里卡布宮，以及皇家林園的四十柱宮和八天堂宮，我花了兩天踏遍。

我住在沙發主 Javed 的家，他把地下室騰出來，寬闊到接十組背包客都沒問題。Javed 外表看起來誠懇穩重，內心帶著些許玩世不羈，聊天中能夠感受他對於探索世界的熱情。

Javed 下班後帶我夜間巡禮，拜訪查楊德河上的哈糾橋和三十三拱橋。夜裡的三十三拱橋，每個拱形橋洞如同一座舞台，舞台上的人

俯視恢弘的伊瑪目廣場，矗立盛世與亂世的要衝

們以剪影即興表演，我穿梭在連綿的劇場，沉浸式觀看三十三部故事。

一晚跟著 Javed 外出，他在公園巧遇十年不見的高中同學，兩人相談甚歡，我跟路邊一群年輕人瞎聊，他們對我充滿好奇，聊著聊著，一包夾鏈袋被遞出來，倒出了綠色碎屑。

一位男子倒出香菸的菸草，摻進綠色碎屑混合，塞入一支捲菸。大夥圍成小圈圈，輪流吞雲吐霧。我淺吸一口，喉頭被嗆到，趕緊傳給下一個人。驚覺不適合我，縱使他們說會感到通體舒暢。

Javed 一邊和老友聊天，一邊看顧著我，訝異我融入了人群。他說我不會抽菸，沒有吸進去就直接吐出來，可惜了這條特製菸。

阿里卡普宮

四十柱宮

回家後，Javed 拿出私釀酒和我舉杯暢聊，侃侃而談他對伊朗的焦慮和盼望、對國際情勢的見解。這也是我浪跡伊朗近一個月，與當地人談論政經的整體歸結。

Javed 對美國川普總統二〇一八年片面撕毀核子協議和擴大制裁深感費解和背叛。他厭倦了政府奉行的宗教保守主義，限縮人民生活和娛樂上諸多自由，而占人口數六十五%的年輕人並非人人都是穆斯林，對現狀感到沮喪和憤怒。

Javed 相信在不久的將來，只要國家情勢稍有風吹草動變化，人民就會乘勢揭竿起義。時代的風暴正蠢蠢欲動，再黑的罩子都遮不住人民渴望自由、勇嘗禁忌、解開枷鎖的意念。

原來他早已揭示了即將襲來的

伊瑪目清真寺

三十三孔橋

腥風血雨，而我就身處山雨欲來的前夕。

#亞茲德，風沙封存的沙漠邊城

亞茲德（Yazd）是卡維爾沙漠南端的綠洲城市，擁有三千多年的絲路貿易歷史，放眼望去一片土黃色古城，建築大概兩至三層樓，最迷人的是高聳於屋間的一座座古老風塔。全城最高地標為聚禮清真寺的宣禮塔，也是伊朗最高的宣禮塔（高五十二公尺），被印在伊朗兩百元里亞爾紙幣正面。

因位處偏遠的沙漠邊城，亞茲德免於蒙古西征的戰禍，被封存得唯美又堅毅，這裡蘊藏能讓人隱身和安靜的魔力，不時還能傾聽自我。

亞茲德的沙發主很酷，是 Silk Road Hotel 飯店老闆，他特別預留了一間房給沙發客，入住還能使用飯店設施，實在是太佛心了。

據說亞茲德擁有世界上最多的風塔，被譽為「風塔之城」，行走在老城區內，民居上豎立一座座高約五、六公尺的風塔，大多為四角形或六角形，裡層結合了儲冰塔和坎兒井。

風塔簡單來說就是煙囪效應，透過空氣對流來降溫。空氣會沿著通風井進入屋內，搭配地下室的蓄水池（坎兒井）後，加快水分蒸發並冷卻空氣，讓室內更加涼爽和溼潤。

為了抵抗伊朗高原炎熱乾燥的氣候，居民使用這套綠能系統做為環保冷氣，到了電力時代風塔已經退役，老房依然保存著古人的智

亞茲德是世界上最多風塔的古城

慧。

多萊特阿巴德花園有一座伊朗最高的八角形風塔，我站在通風口感受風通暢的靈動，彷彿聽見風在呼吸，時而躁動，時而平緩。我閉上眼，感受風穿行身際，一層層如浪花湧岸，又一重重如絲絨觸撫。

不平靜的風，平復不了飄盪的心緒，在風中，我彷彿一踮腳就騰空，輕盈飛越時空，與遙遠的她相擁，風一停，就墜落成空。

相較於卡尚的花園，亞茲德備顯寂靜又低調，尤其在土黃的沙漠城市裡，兀立一大片流水和綠樹，感受到舒爽和喜悅。我徘徊遊走在粼粼的綠色波光中，直到夜燈燦亮了風塔。

#神魂顛倒設拉子

來到設拉子（Shiraz）的所有旅人，主要都是為了粉紅清真寺。莫克清真寺（Masjed-e Nasir-al-Molk）之所以暱稱粉紅清真寺，是因使用了來自歐洲的粉紅色調磁磚，繪有花卉、植物和歐風建築的圖案。

初來乍到粉紅清真寺，院落看來相當尋常，出名的是面向東側的祈禱廳，進入室內將驚覺曖曖內含光，五彩繽紛的光芒漫射，像是踏入錯亂的時空。

旭日打亮了面東的七扇木門，將彩繪玻璃的色光懸空拖曳出絢麗的彩影，迷幻得讓人神魂顛倒，搭上支撐拱頂的十二根雕花柱子，隨便拍都美得一塌糊塗。

我趕上午七點一開門搶拍空

風塔之下，
聽風呢喃、聽風躁動

景，但光線要八點後才會漸入佳境，我拍一次不過癮，一連二刷才心甘情願。上午九點到十點半是人潮最洶湧的尖峰時刻，內部空間不大，拍照和打仗一樣，我也不太好麻煩路人幫忙拍照，乾脆靜坐一旁感受光影的挪動，當人流散去，彩影也退去大半。

我還造訪了粉紅鹽湖，只是中國青海的鹽湖看多了，少了點初相遇的怦然心動。

光明王墓的導覽介紹則讓人印象深刻。導覽員說內部布滿密密麻麻的小鏡子，看起來滿室光明璀璨，但每面鏡子零碎又有稜角，沒有一面足以映照出完整的自己，所以要接近神，才能找到真實的自我。

波斯波利斯展現波斯帝國睥睨天下的霸氣，萬邦使節不遠千里進貢朝拜

#帝國雄魂，在波斯波利斯

伊朗歷史上最強盛的阿契美尼德王朝曾經統御了近五千萬人民，占當時全球人口四十四％，是世界史上第一個橫跨歐亞非的超級大帝國。

帝王大流士一世（Darius I the Great）引領波斯帝國進入全盛時代，奠定了典章制度，將各地文明納入有效治理的系統，號稱「萬王之王」。西元前五二〇年，大流士一世下令建造波斯波利斯（Persepolis），並非為了居住，而是用來舉行重要慶典儀式和接待外國使節，驕氣縱橫地展示帝國的財富和權力。

波斯波利斯，經歷三代君主七十多年初步建成，曾被譽為「太陽底下最富有的城市」，徵聘了各國藝術家和工匠來打造，全都有支領工資而非奴工，耗費鉅資建設了一個多世紀，一磚一瓦皆是巧奪天工的皇家精品。

余秋雨在《千年一嘆》說「波斯文明的雄魂一定仍然在波斯波利斯、設拉子一帶遊蕩，兩千多年來沒再挪移，遊蕩在崇山荒漠間，遊蕩在斷壁殘照裡」，純粹的古波斯文明尚未融匯進伊斯蘭文化，只能在波斯波利斯回味。

經歷歲月滄桑，今日的波斯波利斯斷壁殘垣，宮殿的精美石刻和柱子依然，以雪松打造的上層屋頂已焚燒殆盡。我拿出在大門口購買的VR虛擬實境眼鏡，一戴上去，廢墟立刻還原成萬丈宮殿。我在每個角落都駐足良久，琢磨著永不崩塌的壯麗宮城，無可自拔的沉浸。

一個曾經騰飛的泱泱帝國，像是錯位時空，重新回歸我的眼眸。我一半痴醉，一半迷戀，每一步都如遁入繁華夢的萬般流連。摘下眼鏡則如魔法退散，瞬間灰飛煙滅，那種歎息會疼痛，就像付之一炬的圓明園，在心頭劃下一道永生難復的傷疤。

巨大的萬國門高達二十五公尺，兩側是威風凜凜的拉馬蘇（Lamassu），人頭牛身、蓄長鬍並有翅膀，亞述文明的守護神今日仍戍守宮門口，光入口就足以震撼感官。

皇宮精美又氣勢恢宏，沿著萬國門進入覲見大廳，萬邦使節不遠千里來此進貢朝拜。萬國門兩邊分別是西面的阿帕達納宮（Apadana Palace）和東面的百柱廳（the Hundred Columns Hall），為波斯波利斯兩座主建築。

覲見大廳是最大的建築，可容納上千人，用來謁見外國使臣和舉辦慶典，原有七十二根二十公尺石柱，僅存十三根屹立至今，每根高聳柱頭上都有一對背對背屈膝的牛，一如當初我在羅浮宮所見。

很難不被那種睥睨天下的霸氣震撼，尤其東面階梯旁的長型浮雕刻有波斯帝國轄下二十八個民族朝覲隊伍的盛景，挑著兩擔黃金和爐子的印度人、獻上駿馬和雙耳瓶的亞美尼亞人、牽著駱駝的帕提亞人、送了單峰牛的犍陀羅人、帶來兩匹公羊的的敘利亞人、進獻象牙和㺢㹢狓（長頸鹿近親）的衣索比亞人等，匯聚了歐亞非珍寶的眾脈俱開。

各宮殿的階梯上，可見「獅子咬牛臂」的生動石刻。春分時的天空星象圖，獅子座和金牛座的分布，正是獅咬牛的相對位置，表達萬物更替，萬象更新的來臨。威猛的獅子代表所向披靡的波斯，以萬王之王之姿統御著兼容並蓄的世界。

每個帝國皆會歷經盛衰枯榮，最終捲入青史。西元前三三一年，從希臘遠征而來的亞歷山大大帝一把火燒毀了波斯波利斯的輝煌宮殿，據說城內東南角國庫裡的戰利品和金銀財寶，動用了一萬頭騾子和五千匹駱駝才全部運走。

不可一世的帝國從舞台上崩殂了，但自信的氣焰和寬容的氣度，永世不朽。

#路人幫忙買飛機票

設拉子是伊朗最後一站，聽到其他背包客要搭飛機北返德黑蘭，一來可免去舟車勞頓，二來又能體驗伊朗古董飛機，我心動不已。

由於臨時決定明日要搭飛機，旅館前台的機票報價高不可攀，外國人用手機APP買機票又頻頻卡關，我走上大街去找旅行社，但幾乎都關門了。路邊出現了一位提供黑市換匯的小哥，問我需要什麼幫忙，我說我要買機票。神奇的事發生了，他說可以幫我買。

我一時求助無門，抱持姑且一試的心態。小哥第一次用手機APP買機票，有幾個欄位的資料屢屢輸錯，他都和顏悅色幫我重新輸入，最後刷下他的伊朗信用卡，購買成功，我們在路邊花費了三十

天堂花園，像在沙漠中丟下
一個花木繁美的大托盤

四十八柱清真寺的藍調時光，飄揚著長日將至的浪漫

分鐘。

我原先準備好多給他一些手續費，想不到他還把機票價格轉成黑市價格，再給我優惠，他說純粹只想幫助我。

隔日一早，他傳訊問我，順利抵達機場了嗎？這售後服務也太感人了，伊朗人的天性就是樂於助人，每次都是給予滿滿的關懷，不會蜻蜓點水的草草結束，而是送佛送到西，陪你並送你到最後一刻，讓人暖到被融化。

我沒有搭乘到傳說中的老飛機，而是設備新穎的A三二〇，搭乘體驗很舒適。在伊朗搭乘任何交通工具的服務都很慷慨，機上發放雞肉漢堡和餅乾飲料。

暴動，鎮壓，逃離

一回到德黑蘭，氣溫瞬間降至冬天，之前在德黑蘭遇到的楚彤比我晚南下，進度推得比我快又遠，一路殺到波斯灣旁的阿巴斯港，此刻我們恰巧同在德黑蘭。

久逢知己的楚彤開心道：「旅途上很多人是只走一程的過客，能再見面都要珍惜，晚飯我煮給你吃。」我感動不已：「我好想念中菜，上次慶生是托妳的福，等下一起採買、一塊煮。」

楚彤的五官柔美，是個清甜佳人，旅行對她而言，風景名勝踏足過，留下幾張照片回憶就好，不太費勁多拍照片。她喜歡把剩餘的時光留給烹飪，在天色漸暗後，煮幾道熟悉又安心的菜餚，召集友人就席，歡愉地吃一頓飯。

我們去市場採買食材，再前往旅居當地友人的宿舍，大夥一邊做菜，一邊交流旅遊或工作，楚彤一人包辦了三道，總共五菜一湯。

好久沒吃到一桌用心烹調的中菜，那擺設、那氛圍、那自然安放的情緒，我好幾度不覺得自己在伊朗，而像到友人家串門子，滿溢著溫熱和泰然自若。

跟著楚彤一起下廚，一刀一刀逐層切碎，持鏟反覆翻炒，綻放出熟悉的清香，裊裊炊煙中，蒸溽掉煩憂，緊緊牽繫起家鄉味的依戀。

原來在旅途上好好煮一頓飯，是種生活感，更是歸屬感。我用筷子大口扒飯，吃著一口接一口的菜餚，那一刻我不覺得自己在流浪，味蕾和精神都被完整的撫慰和療癒了。

看似平淡又細碎的事物往往蘊含深邃的依戀，所謂的幸福，並非真實擁有了什麼，而是學會珍惜渺小卻易逝的點點滴滴。

#抗爭延燒，百城暴動

談笑風生中，氣氛倏然丕變。有人讀到當地新聞，政府取消石油補助，油價因此上漲五十%，引發了上百個城鎮爆發街頭抗議活動，進而引發暴動，銀行、加油站和政府機關遭到縱火，設拉子街頭出現了警民大戰。

當天早上才離開設拉子的我突然想起，搭計程車離開時，市中心馬路冒著陣陣黑煙，推測那就是警民對峙的場景，路過當下警察已進駐清場，抗議人士被驅離和逮捕。

華人朋友順著補充，這個事件是依著國際情勢演變的。美國總統川普在二〇一八年五月片面宣布退出「伊朗核協議」，並對伊朗實施「高強度經濟制裁」，石油出口慘遭國際封鎖，政府為了因應接續的財政寒冬，決定放任油價上漲，並將多出來的盈餘轉用於社會福利的補貼。

歐巴馬簽署協議當初帶來的發展利多正逐漸崩解，華人朋友對接下來伊朗的情勢發展深表憂慮，不知是否適合繼續經商。

造訪伊朗這幾周，我不斷聽到內部的矛盾對立與反政府的深重民怨。亞茲德沙發主 Javed 說過的預言，竟像暴雨來得又快又急，我也身陷其中。

打開地圖ＡＰＰ，整個德黑蘭

市區一片紅通通的禁行符號，街道已被當局封鎖。台北住家附近常封路有遊行抗爭，我已見怪不怪，好在德黑蘭地鐵維持正常營運，還能正常出行。

#斷網一周！武力血腥鎮壓

一早醒來，德黑蘭下雪了，整個青旅的遊客陷入瘋狂，紛紛衝到戶外記錄白茫茫雪況。我們搭乘地鐵前往德黑蘭北部，預計參訪巴列維王朝的夏宮，卻被暴動吹亂了一盤局。

德黑蘭全市封路，交通大亂，馬路上車子嚴重堵塞，人潮全數湧進地鐵，每班列車都擠到炸裂，女性車廂不再有男女之別。

我們出了地鐵站，周遭公路塞成停車場，氣溫持續下滑，紛飛大雪也掩蓋不住眼前的紛亂。雪況和交通讓我們動彈不得，我身上的衣物又帶不夠，當初沒想到會走到冬天，缺乏長袖衣服和厚襪，楚彤陪我去一旁的市集添購。

回到青旅後，我們許久都偵測不到網路訊號，才得知伊朗政府切斷了全國網路，目的是阻止群眾聯繫和動員，斷網時間長達一星期，幾近全面封鎖當地訊息。

斷網前兩日，當地華人發現沒有斷乾淨，還留了後門，只要使用中國移動電話卡的國際漫遊方案就能突圍上網，我一聞訊馬上申請了三天「一帶一路套餐」，苟活續命一天之後，同樣被切斷。

#第一批逃離德黑蘭

自二〇一九年十一月十五日街

全國暴動！政府斷網、鎮壓，各地交通大亂，街道嚴重堵塞

頭抗議活動開始，局勢一發不可收拾延燒了超過四十天，成為自一九七九年伊斯蘭革命以來，伊朗最血腥的抗議和鎮壓行動。

據伊朗官員透露給《路透社》的死傷數據，伊朗全境至少一千五百人因鎮壓死亡，當局動用了一切維穩必要手段，限制網路通訊。

斷網時，伊朗朋友 Kavandi 明明英文不精通，第一時間還是打電話來，支支吾吾用簡單字彙跟我確認安全。我回應「I'm safe, don't worry」，他聽不懂，我繼續回應「I'm OK」，他瞬間笑聲盈盈，跟著回應好幾聲OK，一掃忐忑和憂慮的語氣。接著他貌似規勸我不要外出走動，我回應「I will stay in the hostel」，烽火連天的時刻，語言不再有任何隔閡，確認彼此安好，一切就好。

我的生長環境裡從未遭遇過動亂，曾經習以為常的自由和人權，像空氣平淡卻彌足珍貴，如果我們不懂得珍惜與捍衛，展現出人民強大的意志力，有一天將有被剝奪的危殆。

當初一進德黑蘭我就預先買好了離境機票，下一站飛去亞塞拜然巴庫，再轉機到土耳其伊斯坦堡。我不受斷網影響，手頭握有稀缺的離境機票，也在這波風暴愈演愈烈前成了第一批撤離的觀光客。

斷網第二日，青旅前台幫我打電話向航空公司確認班機狀況，收到的回應很模糊，目前航班皆未取消，實際起飛依照現場狀況為主。我只能包車到機場等候，才能處理和應變。

明明前幾天還四海昇平，眼下卻一夕丕變，伊朗貨幣持續貶值。物價有感的通膨，各項開銷瞬間水漲船高，之前機場接送只要三十二到三十五萬，礙於道路封鎖和油價高漲，我花了一百萬車資。這景況只要能安全撤離，續走絲路，對我而言才是最重要的。

一如伊斯法罕 Javed 的預言，我看到了伊朗人民眾志成城展現一波又一波的人民意志。

我難以預想伊朗的情勢會如何演變，只願伊朗當地朋友，以及正在伊朗旅行的朋友，每一位都好好的。

飛機起飛後，我緊繃的情緒獲得緩解，滑起手機裡龐大的伊朗照片，看到德黑蘭的自由紀念塔時，手指暫留不動，一道皎白的光芒，從屏幕輝耀我的雙眸。

那是一座白色大理石的巨型拱門，中央內側是網狀結構，外側布滿直式條紋，像是飽含了土地的力量，無盡向天空延伸，源源遞送善和美的力量。

願終有一天，自由紀念塔不再只是稱謂，美好的寓意能被坐實。我默默祝禱著這塊土地的人民終有一天能夠獲得真正的自由。

這趟旅程一如郭姐「有驚無險」的預言，持續發力著。想要精彩的旅程，就不可能一帆風順，必然有高有低、有起有落，逃離德黑蘭的過程，一如電影《亞果出任務》的過關斬將和步步為營。

#穿上我的祝福，去闖吧

到了巴庫機場，連上久違的網路，手機通知瘋狂傾洩，我趕緊發訊息給親朋好友報平安。

老王的家人緊急聯絡我想確認他的安危，我要他們切勿擔憂，老王在暴動發生後有傳訊關心我的狀況，確認彼此都平安，他有著小強般堅韌的生命力，絕對會保護好自己。

先前從網路上看到老王的藍白拖穿爛了，他用繩子綁起來續命。我深諳他對藍白拖的深深執念已經等同個人形象，少了藍白拖就不對味，就不是老王！當初為了要有團魂，我的登山包裡帶了一雙藍白拖，但我平常都穿鞋，一來保護雙腳，二來方便應對各種路況，藍白拖出場機會少之又少。算準老王會入住德黑蘭最便宜的青旅，我把沒穿幾次的藍白拖預藏在行李櫃和牆壁之間的夾層，並拍下了藏寶圖照片。

老王抵達德黑蘭後，一如我的神算入住該青旅，我傳送照片給他，請他依照指示尋寶，不一會兒就找到我留下的藍白拖。

雖然已分道揚鑣，後續也沒能一起同行，但願這雙鞋乘載我滿滿的祝福，陪伴老王走完後續的環球旅程。

波斯波利斯展示著帝國的財富，見證大流士一世的驕縱

粉紅清真寺的耀眼花窗，放縱光影如萬花筒閃動

古勒斯坦宮，宮牆上繽紛呈現伊斯蘭幾何圖形和花草鳥獸

米爾扎．阿里汗驛站，美得像一幅不被打擾的畫

驛站七

土耳其

亞洲盡頭，瞭望世界的新起點

土耳其的地理位置橫跨歐亞大陸，黑海、愛琴海和地中海將此環繞，散落著希臘羅馬時代的千年遺跡，基督教與伊斯蘭教輪番洗禮，東方和西方在此交融，蔚為一座優雅又色彩斑斕的奇幻花園。

飛機降落伊斯坦堡後，我的心如輕舟已過萬重山，這場旅途不再有外在不可控的變因，也不再有道德和飲食約束，緊繃的心弦鬆弛下來，多了隨興所至的自在。

我搭乘機場巴士來到歐洲區，舊城風光一入眼簾，猛然喚醒了凝滯已久的感官，伊斯蘭文明不再獨領風騷，歐風颯爽地進駐了風景線，一切柔和又閒適自若。

在青旅卸下背包，我直奔博斯普魯斯海峽堤岸，看著渡輪頻繁來往，二〇一九年七月從上海出發，十一月底終於到了亞洲的盡頭，從台灣海峽跨到博斯普魯斯海峽，我的鄉愁迴盪在悠長的兩座海峽之間。

拿起懸掛在包包側邊的駝鈴，我讓鈴聲在風中暢響，醇厚的清音彷彿還惦記著敦煌的風沙，一路遇上的人太多，故事太龐雜，回憶激昂地在風中澎湃著。

絲路這條路，我已抵達第一階段目的地。此刻我將眼光投射得更遠，終點該在義大利羅馬，課本裡讀過的「大秦」。

很多台灣好友透過網路陪我同行，文祺一直好心相勸，絲路就該到羅馬，那是陸上絲路的終點，也該順道拜訪馬可波羅的故鄉威尼斯，這一刻，我終於採納了。

#旋轉世界裡的靜止點

拿破崙曾說：「如果世界是一個國家，它的首都一定會是伊斯坦堡。」伊斯坦堡是世界上唯一地跨歐亞兩洲的城市，曾扮演歐洲政治、宗教和藝術中心長達兩千年之久，曾是羅馬帝國、拜占庭帝國、鄂圖曼帝國的首都，多重融合是它最獨特的魅力。

課本裡出現過的聖索菲亞大教堂被我列為首訪景點。西元五三二年建成時是世界上最大的教堂，做為東羅馬帝國的總主教堂，是拜占庭建築的最高傑作，一四五三年鄂圖曼帝國攻下並改建成清真寺，用漆塗蓋馬賽克鑲嵌畫，增建了四座宣禮塔，唯獨東南角塔身為磚紅色，其餘三座皆為白色大理石打造。

內部是鵝黃色的溫暖色調，被窗洞透進的陽光打得金碧輝煌，高聳的大圓頂讓空間顯得靜謐，牆上高掛起數面黑底金字的大圓匾，書寫著阿拉真主、穆罕默德和幾位哈里發的名字。

原先被覆蓋的馬賽克壁畫已重見天日，主祭壇牆上聖母抱著基督的壁畫，在莊嚴肅穆的氛圍裡，透露出幾許慈愛的溫情，展現兩種宗教共存的面貌。

聖索菲亞大教堂散發歷史厚重感的韻味，我靜心領受，就算現實世界太眾聲喧譁，多一份理解和多一點尊重，都能恰如其分的和諧。

藍色清真寺的外觀典雅，是我

被覆蓋的壁畫已璀璨重現，
異教共存於同一蒼穹之下

心中最鍾愛的伊斯坦堡建築，有著六座宣禮塔，三十多座層層疊起的獨特圓頂造型。六座宣禮塔據說是個失誤，當年建築師誤會了蘇丹的指令，把黃金（Altun）宣禮塔聽成了六座（Alti）宣禮塔。

藍色清真寺的由來，是因內部貼有兩萬多塊藍色彩釉磁磚，每逢日光照射，亮麗的金光與藍色交錯灑落，像走入了迷離的奇幻空間。可惜我造訪時適逢整修，大圓頂被封了起來，只能透過大柱子和伊斯蘭彩繪拼湊迷人的風采。

英國諾貝爾文學獎詩人艾略特（T. S. Eliot）以「旋轉世界裡的靜止點」（The Still Point of the Turning World）形容伊斯坦堡。當我站上這個地理要衝，凝望世界的眼光不一樣了，這世界寬闊得還有北非、中東和東南歐地區，這裡彷佛是歷史的暴風眼中心，被重重漩渦雲牆包圍又潰散。

#從地心到身心，體驗水的堂奧

猶記得湯姆漢克的電影《地獄》，他要阻止足以毀滅世界一半人口的生化危機，在地下水宮殿的水下找到裝有病毒的塑膠袋，與邪惡勢力進行爭奪戰。

地下水宮殿的感受很驚奇，明明身處市中心，往下走了五十二個階梯之後，瞬間遁入地心，一座神祕又宏偉的宮殿在黑暗中愈發愈明，石柱高達九公尺，三百三十六根一字排開，在地下撐起了壯觀的空間。

名為宮殿，實為地下水庫，把二十公里外的水接引過來，蓄水量

有六座宣禮塔的藍色清真寺
內部鑲嵌閃著藍光的磁磚

地下水宮殿，彷彿還能聽見水的呢喃

高達十萬噸，走訪其中能聽見滴答滴答的水聲，像是呢喃著我才是揮灑空間的主人，沉浸一場安靜又洗心的歷程。

仔細看，每根石柱長得不盡相同，大多從羅馬帝國的舊建築蒐集而來，聚集最多遊客的是「淚柱」，綠色柱子上遍布孔雀眼的紋路，摸起來溼答答，彷彿淚水汩汩而出，如今也搖身一變成了許願柱。

祈願的動作有點不符合人體工學，將大拇指伸進凹洞，手掌順時鐘旋轉三百六十度之後，許下的願就有機會實現，每個遊客都躍躍欲試。我後來發現了訣竅，身體要跟著手勢旋轉。

另一區必看的兩根柱子基座都壓著梅杜莎頭像，她可是希臘神話中的蛇髮女妖，凝視她眼睛的人都會變成石頭。美麗的梅杜莎雕像被柱子壓制了千年，一如蔡依林那首〈美杜莎〉，道出了被禁錮的美和致命的愛。

梅杜莎一顆頭側放九十度，另一顆頭倒放一百八十度，據說是為了避免直接對上梅杜莎的眼睛，真正原因已難以得知，或者純粹只是柱子不夠長，以其他神殿大小適中的石材墊底。

來土耳其，一定要體驗大名鼎鼎的土耳其浴，就像殘廢一樣被洗澡和按摩，男生洗男生，女生洗女生，毫無任何情色氛圍。

土耳其浴源自古羅馬時期的洗浴文化，公共浴室包含了冷水池、熱水池和蒸氣浴，愛洗澡的羅馬人廣建公共浴池，歷經鄂圖曼土耳其統治後，被發揚成獨具特色的土耳其浴。

我找了一家有一千三百八十年歷史的老浴場 Kilic Ali Pasa Hamami，為一座灰色磚造的圓頂建築，白皙的大理石鋪地，灰白色系的堂室，採用木料架起環繞的隔間和走廊，木質溫和了冷調石材，光線自圓頂的洞孔導入，充盈了時空的變遷之感。

跟著師傅步入澡堂，一片灰白的純粹領域，正中央隆起溫熱的大理石平台，我先躺上去烘烤，望著上方穹頂開鑿的氣孔，光束滲了進來，蒸氣在光中綻開成霧花，虛化了空間的稜線，澡堂被擴增到無邊無際。

我的眼睛時開時闔，像是做著溫熱的白日夢，我特別喜歡圓頂上的六角星孔洞，彷彿閃動朦朧的星光，幻想自己如電影《羅馬浴場》主角阿部寬穿越回古代。

毛細孔被蒸氣打開以後，師傅接著登場，賣力搓出全身角質，用網狀袋變出一團又一團的溫暖泡泡，在包覆全身的泡泡中按摩和搓澡，酣暢淋漓地洗過兩次，最後用布擦乾身體。

泡泡是土耳其浴的精彩之處，網狀袋沾了肥皂水，壓入空氣後，膨脹成米袋的大小，當空氣擠出，就順勢拉出一團團泡泡，我嘖嘖稱奇，猛發出日本人的浮誇驚歎。

師傅的手勁很有力，按摩很扎實，每個動作都會用英文精準說明，不時關心詢問「How are you」，最後熱情有禮的告別。

土耳其浴——當個尊榮的殘廢，被洗澡和按摩

#穿越新舊之間的無痕過渡

行旅伊斯坦堡就像走入蔓生的白榕園，氣根落地長成一棵棵茁壯的樹木，盤根錯節到密不可分，分辨不出歷史節理的先來後到。

我穿梭在歐亞之間，交錯在新舊之中，伊斯坦堡的過渡是自然而然，像高低海拔林木共生的混合林，又像河流與海洋相擁的交匯口。

土耳其的新舊皇宮，兩座風格截然不同，一定都要去探訪，才算完整了皇家體驗。

舊皇宮托普卡匹皇宮能一覽四百五十年鄂圖曼帝國的強盛，以及一窺後宮生活樣貌。第四庭院的巴格達亭是整個皇宮的制高點，居高臨下眺望博斯普魯斯海峽，顯現地形之易守難攻。

新皇宮朵瑪巴切皇宮採填海興建，緊鄰博斯普魯斯海峽，皇宮主體採用白色大理石及埃及雪花石建造，融合巴洛克、洛可可和新古典主義的西方風格，內部以大量黃金、珍寶、象牙製品裝飾，比舊皇宮更加富麗奢華。

主殿最值得一看，有英國維多利亞女王送的世界上最大的波希米亞式水晶吊燈，據說新皇宮也是世界上水晶吊燈收藏最多的地方。

新皇宮緊鄰海峽畔，踏入新時代的巴洛克歐風

以弗所，史詩級羅馬遺跡

一個人旅行久了，悠揚得像〈綠島小夜曲〉，我如一葉扁舟，在月光撒滿的大海裡飄啊飄，我不怕孤獨，怕的是熱情慢慢消滅，動能緩緩怠速，尤其進了土耳其後，一切都唾手可得、暢通無阻，彷彿遁入安逸和喧鬧的江南樂土，卻輕盈得像一粒難以著陸的塵土。

土耳其的城際交通仰賴客運，建議選擇經營規模大的，乘車品質比較有保障，座位的娛樂系統比照飛機，可以看電影、聽音樂和玩遊戲。

我搭乘夜間巴士抵達塞爾丘克，拜訪史詩級古蹟「以弗所」，世界上保存得最大最完好的古希臘、羅馬城市，也是早期基督教的重要中心。

以弗所是古羅馬時期世界四大城市之一，最早的城市記載始於西元前九世紀。古羅馬時期的亞細亞省省會就設在以弗所，是僅次於羅馬的第二大城市，人口超過二十五萬，被譽為「亞洲第一個和最大的大都會」。

以弗所曾經是一座內陸的港口城市，地中海的船隻可由內陸河駛進以弗所，一條港口大道直通港邊，兩旁開滿商鋪。這座城市富麗堂皇，擁有奢華的照明系統，每逢夜晚便點亮大理石立柱上的五十盞燈，地下建有水渠系統，還有通向港口的排水系統。

埃及豔后曾經乘坐金色大船在以弗所上岸，前往塔爾索和安東尼會面，羅馬名將自此深陷埃及豔后溫柔鄉，至死方休。是啊，土耳其的身世不凡，緊密牽動著歐亞非的歷史發展。

後來隨著河道泥沙淤積，大海退向了遠方，海洋貿易日薄西山，以弗所被時代揚棄成廢墟。

我漫步在精美石柱和壁雕間，窺視羅馬帝國時代的叱吒風雲。

圖書館是以弗所的標誌建築，規模在當時為世界第三大圖書館，藏書約一萬五千卷，目前剩下正面的兩層建築。圖書館有三個對稱的大門，下層外牆壁龕中能看到四座女性雕塑，分別代表智慧、自信、思想和仁慈，這幾座雕像的真品，被協助挖掘的奧地利人帶回了維也納的以弗所博物館。

最讓我覺得莞爾的是，圖書館對面就是妓院，還有一條祕道連

羅馬帝國五大城市之一，
以弗所保留住富庶繁華

接，就算把人送到圖書館門口了，冠冕堂皇聲稱要去讀書，還是可以遁逃去妓院。

大理石地板上留有妓院的路標，以四個圖案「女人頭部、左腳腳印、愛心和錢」組成，被稱為世上現存最早的妓院廣告，可快速解讀為「No Money, No Honey」，也可完整解釋成「如果你有一顆寂寞的心，就帶著你的錢，循著腳步的方向前進，美麗的女子等候您大駕光臨」，也有人說腳的圖案尺寸，恰巧能測量成年與否。

以弗所的浴場規模很大，浴場是羅馬帝國時期人們討論文學、時事和政治的重要社交場所，也是人們最喜歡造訪之地。浴場地板下設有供暖系統，能看到冷水、溫水、熱水和蒸汽浴室空間，從更衣室出來，經過蒸氣浴室，進入熱水浴室洗浴，接著到溫水浴室和人們聊聊天，最後去冷水浴室沖個涼後再離開。

以弗所還有世界上最早的沖水公廁！路邊的大理石條板上有一排等距的圓洞，內部接通水管便於清潔，這是坐式馬桶，沒有設置隔板，如廁時可以聊天，同樣是重要的社交場所。羅馬人無時無刻無處不交流，很難有社交恐懼症。

參觀完以弗所，我急奔以弗所博物館，建築遺跡之外的文物都收藏在博物館，先參觀遺跡再去博物館，才能理解文物出處，兩個一併參觀，能獲得相輔相成的完整體驗。

鎮館之寶是兩尊「阿特米斯雕像」，羅馬神話裡的月神黛安娜。

外觀相當奇特，被雕塑成具有一百多個乳房的形象，象徵多產、豐收和富裕，是藝術品的上乘之作。

我在以弗所遇上自中亞以來最大的一陣雨，全身衣物和裝備全數溼透，見識到地中海冬雨的威力。回到旅館後，老闆娘說雨還會連下三天，澆熄了我探訪景點的意興，打算躲在旅館裡寫作。她催促我不如出發去棉堡，只要三小時車程。

老闆娘心地很好，知道我行程很緊，卻沒為了做生意而把客人留下來，明明正值缺客源的淡季。

大雨真的留不住我，我油門催到底，加速逃離。

以弗所博物館鎮館之寶，阿特米斯雕像

雪白棉堡，被冬雨淋得蒼白無力

雨霧纏身的棉堡

棉花堡位於山坳裡的狹長地帶，包含兩個相鄰的景區，其一是棉花堡（Pumkkale），其二是希拉波利斯古城遺址（Hierapolis）。

棉花堡，像用棉花堆疊的雪白城堡，一層層向著天際生長的石灰華結晶盛滿了藍綠色泉水，像是精靈世界才有的白色水梯田，蒸逸著裊裊氤氳。

偌大的希拉波利斯遺址曾是古羅馬時期的著名療養地，原先的阿波羅神殿因為地震下陷，形成現今的溫泉游泳池，池裡躺放著大理石圓柱和宮殿雕飾，能與千年古蹟一起泡湯，有帝王般的尊爵享受。

我希望多帶一點風景走，放棄了泡溫泉，一個人闖蕩杳無人煙的古城，廣大的墓地散落了一千兩百具石棺，個個是兩千年文物，外觀裝飾各異。這裡的溫泉從西元前二世紀就名聞遐邇，人們來此沐浴和療養，匯聚龐大的人口並形成聚落。

雨不間斷地下，我打著傘、眼神漠然，坐在一萬五千人的大劇場，濃霧遮掩了舞台上的典雅建築和雕像，我並不是疲累，而是地中海的冬雨渲染著陰鬱的憂傷，頭頂到鞋底都浸滿了水，我像燈光愈來愈虛弱的流螢，拖引出一條直墜草坡的虛線。

我傻傻期待著眼前的霧能散去。祈晴，有時是一個人旅行中最卑微的奢望。連日的雨把熱情愈沏愈淡，導致每個景致都無法融入和附著，我像是孤獨飄零的靈魂，傘外是淒風慘雨，傘下是蒼白無力。

好冀望有個旅伴能一起奮力拋開傘，奔馳在雨中，來段熱血沸騰的胡鬧，讓大雨淪為狂歡的交響樂。我無法一人孤芳自賞地翩翩起舞，演技高超的老戲骨也需要旗鼓相當的演員同台對弈，才能競飆出演技。

我是大家口中的「太陽之子」或「大景之子」，我總是自帶「日光燈濾鏡」，出新疆以來，一路大多是乾燥的晴日，直到地中海才在連日冬雨裡擱淺，整個人像鏽跡斑斑的逐漸鎖死，最後靈魂也被上了鐐銬，慢慢腐蝕到支離破碎。

一個人旅行要時時刻刻謹慎，我未曾預料，雨日變成了獨旅的巨大挑戰，甚至是莫大折騰。

大劇場的濃霧，漸漸散去了，我恍惚的眼神瞬間清醒，舞台上的廊柱和雕像清晰可見，我的臉也抹去了愁雲慘霧。

回到旅館，把濡溼的衣褲和裝備用暖氣設備烘乾，繼續啟程往費特希耶奔去。

一人晃遊古城，鑑賞千具石棺

土耳其必玩滑翔傘，鳥瞰
費特希耶的漸層海灣

愛上乖馴的地中海

感謝老天回應我的期許，接續幾日大晴天，讓我得以徜徉陽光燦爛的地中海。

一入住費特希耶青年旅館，同房四位上海背包客就說他們在這裡待了三天，遠道而來是為了搭乘滑翔傘，說因為中國綜藝真人秀節目《花兒與少年2》和《二十四小時3》加持，費特希耶滑翔傘與卡帕多奇亞熱氣球齊名，是土耳其旅遊必玩的兩大空中體驗。

他們誇我運氣很好，前腳剛抵達，滑翔傘公司就確認明日天氣能飛，熱烈邀請我一起飛。

#飛越地中海的蔚藍

來費特希耶純粹想給自己一段久違的海洋假期，想不到遇上冬季難逢的晴日，又有旅伴一起出團，我二話不說加入，隔日一早，專車直送巴巴山的起飛平台。

教練在車上抽籤分配隊員，抵達現場立刻整裝，聽他一喊「Run」便奮力拔腿向前衝，不一會兒就雙腳騰空，飛上了天際。

我猶如插上翅膀的飛鳥，敞開雙翼自由飛翔，腳下是土耳其死海與迷人的新月形海灘厄呂代尼茲（Ölüdeniz Beach）——曾被歐洲媒體評選為「世界上最美的沙灘」。

教練說我們很幸運，今日天氣超好，費特希耶的海色就數冬季最美，藍色紛呈出最多層次。

我輕靈地俯瞰湛藍海灣，美得像時間暫停，海水呈現從幻藍到靛藍的漸層，一如拿了龜山島牛奶海的顏料罐，任性潑灑了整片海域。

滑翔傘平穩舒適，教練問要不要刺激體驗，我迫不及待大喊YES，隨即空中翻轉三百六十度兩次，一會像墜入誅仙台的萬丈深淵，轉瞬又扶搖直上九重天，不停顛倒眼中視界，實在太過癮了。

#跳進冬天的地中海漫游

費特希耶的冬季，人少到像被遺忘。我好想出海，在厄呂代尼茲海灘遇上一班遊船開往鄰近海域，會在蝴蝶谷登岸，放三十分鐘在海灘遊憩。

這趟來土耳其最驚豔的是遍地羅馬遺跡，再來就是平靜的地中海，彷彿溫馴到退化了獸性，再也激不起任何洶湧波濤。

船一停，我跳下海，游泳上岸，想不到冬季水溫如此舒適，只要陽光在線營業，我就能一直在海裡悠游。

上次玩水是八月在吉爾吉斯，頌湖和伊塞克湖的湖水比地中海還寒冷。我終於泡到了貨真價實的海水。

生在海洋環繞的島嶼，我的血液裡是大海的子民，身上老是紋著晒傷的印記，喜歡站上船頭迎接撲面的鹹溼海風，喜歡穿游在震盪起伏的海波，喜歡潛進高清無流的海底花園，寬闊又絢爛的大海能滌濾一切，讓我在粼粼閃動的律動中重獲新生。

這次與地中海的相處過於短促，留下再一親芳澤的懸念，我預約未來某年夏天搭著帆船出海漫遊，從愛琴海玩到地中海！

我在冬季地中海游泳，
水溫舒適極了

生長在高聳岩壁上的安塔利亞

「藍色大門」安塔利亞

我繼續往南到安塔利亞。

身為土耳其地中海沿岸最大城市，安塔利亞被稱為藍色大門。這是一座融合古典和現代的城市，揉捻比例極為協調，有種獨到的閒適與祥和，特別留住我的心。

安塔利亞適合散步或搭乘古老電車穿梭，新城與舊城的界線就在羅馬皇帝造訪留下的哈德良之門。踩進老城區兩千多年的石板巷弄，鄂圖曼風格老屋看上去精美，粉飾了時代的韻味，隨處可見咖啡廳或酒吧，散發黏住腳步的魔力。

老城區的盡頭依傍著波光粼粼的地中海，我站上亥得利塔，望見整座城市生長在高聳的崖壁上，像是海上版的天空之城，觀光船從崖下的羅馬海港進進出出。

這城市邊緣有一處獵奇又震撼的視角，城市高聳的懸崖邊，掛著一條氣勢磅礴的「杜登瀑布」，直接宣洩進地中海。

好適合湯姆克魯斯拍動作片的場景，他可以飆著重機穿越古城區，攀上四十公尺高的瀑頂，向下跳躍入海，再游泳去攀爬海上的觀光船。

#萬神殿的鎮館之寶卻是凡人

安塔利亞有幾分神似巴塞隆納的氣息，是一座緊鄰沙灘的城市，更迷人的是擁有兩種顏色的沙灘，一處是類似墾丁南灣的黃色沙灘，另一處是類似花蓮新城的灰色沙灘，咫尺就能放逐和療癒。

安塔利亞博物館是世界級重要

的雕塑博物館，收藏大量西元二世紀的作品，不少人說是土耳其最好的博物館。重頭戲在古希臘羅馬的眾神塑像區，神話裡的諸神幾乎到齊，數量多到被稱為「土耳其萬神殿」。

雕塑作品採開放式參觀，不設隔線和玻璃，每尊塑像都帶有殘缺，全是拼湊修復而來，卻不影響神情和美感，能近距離品讀一尊尊時代珍品。

展廳正中央有一尊名為《舞女》的雕像，四周被眾神環繞，她連名字都沒有，卻搶盡了目光，美得令我久久駐留。

臉龐優雅而浪漫，以輕靈的舞姿，撩動輕飄了衣裙，髮紋和衣褶的雕工細膩超群，以逆天姿儀成為鎮館的王炸，讓眾神淪為鑲邊路人。

博物館緊鄰一片狹長的灰色海灘，海域平穩，水質乾淨，讓我一度覺得像回到花東。用手測了水溫並不冷，超想跳下海可惜沒帶裝備，我坐在灘頭上，伴著釣客，閒散晒著陽光。

安塔利亞是可以把心好好安放的城市，不管在城市那端，還是在海這一頭。

安排了一日造訪鄰近的濱海小鎮「西代」（Side），純粹為了拍攝這一幕：傾倒的神殿遺跡與蔚藍大海相依相存，殘立的五根柱子原是阿波羅與雅典娜神殿，這是土耳其少數遺跡能同框大海的視角。

安塔利亞博物館鎮館之寶——舞女，以凡人之姿搶走眾神風采

一個人搭熱氣球，熱血升空

土耳其最後一站，卡帕多奇亞。

我幾度陷入長思，到底要不要一個人去坐熱氣球？或許比這問題更關鍵的是天公要作美，就隨因緣造化吧。

凌晨抵達旅館，前台人員跟我說，熱氣球已經停飛三天，天氣預報隔日風速平穩，全鎮的遊客都要去飛，問我要不要加入？

土耳其成了整趟絲路的低谷期，低盪的原因一來是這個國家安定且便利，旅行變得像通勤的城際移動，突然裹上平淡的倦怠感。二來是內在，我從未有過那麼長的時間，和自己相處，和自己對話，和自己度過。

原先我排斥一個人搭熱氣球，想說以後攜伴再來體驗，但人生有多少以後，甚至沒人知道有沒有以後，既然天公都賞臉作美，既然全鎮遊客都要飛，如此千載難逢，我當然要奉陪到底。

#放下一個人，就能擁有整片天空

我擁有一個人旅行的能力，但不代表我喜歡，如果非不得已，我不會一個人旅行，總希望能夠結伴出發，有個旅伴一起瘋，要死一起死。

單人流浪在外，我常為了確保身家安全抑制冒險的欲望，夜間會盡早回旅館，連酒吧都少去。更準確地說，我不喜歡索然無味的旅程，通常要有伴，我才會荒唐和搏命演出。

我的個性就是喜歡熱鬧，喜歡一群人瘋瘋癲癲，常成為團體裡的開心果，擔當團寵的角色。我就是愛組團，為什麼要單飛？

明知道一個人是自己的罩門，我依然選擇孤勇前行，因為透過這條路，我想更接近和理解自己，甚至觸碰未曾抵達的極限。

這趟路途一直反覆鍛鍊我，打破一個人旅行的心理設限，放下一個人的執念，只要不讓自己的心受困，就能擁有整片天空。

旅行就是以自身圓心畫圓，心放愈開，就能容納愈多意外的驚喜，偶爾要放手一搏。一個人，是虛空，也能是圓滿。

#升空！如水母飄翔夢幻谷地

拂曉的橙色霞光漫燒著東方的天空，熱氣球從卡帕多奇亞各地起飛，密密麻麻布滿天際，滿載了人們成真的美夢。

我爬入籃子裡，隨著瓦斯噴發的熾熱火光，推著球體向天空上升，環顧四周像是身處熱氣球海洋，此刻的時間流速放緩了，一如水母在海中慢速格放的飄動。

熱氣球飛得好高、好遠，飛過沉睡的村莊，隨著陽光揭開一層層壯闊的地景，升到最高處時，眼眶滿載上帝視角的美景，一如凜冽的冷空氣，凍結成土耳其最美好的回憶。

我想，熱氣球就是把對天空的思念，具像化為飛翔的載體，想飛的心不再繫留，恣意放飛在夢幻谷地的頂端。

飛行結束後，我的心彷彿仍滯留天際，雀躍到難以平復。教練在熱氣球旁邊帶大家開香檳慶祝，頒發飛行證書，謝謝萍水相逢的彼此一起完成美麗的空中旅程。

我會永遠記得這一天的飛行。一個人，不該失去追求和擁有美景的權利，旅行中那些最驕傲的光景，都是那些一個人的勇敢飄流。

永遠不要失去一個人旅行的能力，放自己探索世界的美好；永遠讓自己有迎接挑戰的能力，才能看見意想不到的自己。

#仰望熱氣球大遷徙，凝滯了時間

來卡帕多奇亞要欣賞兩種角度的熱氣球，一種是升空俯瞰地景，

一個人搭熱氣球，滿載無垠的地質美景

一種是頂樓的網美角度，拍攝千千萬萬個熱氣球。

隔天，清晨三點半，室友傳來窸窸窣窣的躁動，興奮地說熱氣球能飛，我趕緊起床，爬上只有零度的樓頂架好相機，等待熱氣球大軍的天際遷徙。

從格雷梅小鎮觀看熱氣球，唯美又溫柔，熱氣球像無數個小氣球，踽踽在奶油色奇岩間緩移，把我的思緒定格在縹遠的天際，隨便按下一張人物合影的照片，都像是時間靜止。

我總共在卡帕多奇亞停留了三天兩夜。搭夜車抵達的第一天停飛，參加綠線一日遊行程，第二天幸運搭乘熱氣球升空，下午租機車趴趴走，第三天在青旅頂樓看熱氣球起飛，下午租機車撿完剩下的景點。

#長愈大，愈難輕鬆說再見

我搭飛機回伊斯坦堡。待在這座亮麗城市的最後一天，我約了台灣單車騎士雙人組聚餐。距上次見面之後，我晃了大半個土耳其，雙人組遊歷了保加利亞，他們閃閃發光的眼睛、熱烈激動的話語，拉出了一長串豐富的故事。

我們順著絲路這條洪流蜿蜒，一再相遇又交錯而過，以各自精采的境遇前進，偶爾蹣跚，偶爾差池，確認彼此在路上安然無恙，不是相處最長，卻是交集最多，若即若離的暗裡牽引著。

最後一次的告別特別迤長，他們要返台回歸現實，我要繼續前往絲路最終站，義大利。

到這一刻我才發現，隨著年紀增長，我變得重視離別的儀式感，明明習慣了離殤，卻愈來愈難以輕易說再見，愈長大會愈痛，表面上一副輕鬆寫意，轉身後熱淚卻在眼眶轉呀轉。

凝滯的伊斯坦堡像是打開泛黃的情書，躍出心動又憂怯的絮語

把地中海的溫柔寫滿心裡，如溫煦的陽光照亮了心，安塔利亞的海有治癒的能量

想飛的心不再繫留，氣流對了，就恣肆飛揚

卡帕多奇亞太豐富和奇美，騎機車闖進一片片無人打擾的奇岩怪石

驛站八

義大利

羅馬帝國永存的浩瀚光輝

義大利就在眼前，我要邁向這趟絲路的終點了，我要去找尋那千年不墜的帝國榮光。

原先不想前進歐洲是因小偷猖獗，我一直覺得自己的友善外表直接寫著「我很好搶」和「我很好騙」，相當戒慎恐懼。做了延長戰線的決定後，兩位朋友情義相挺飛來義大利，各陪走一段。獨旅一百多天後，我有新的旅伴了。

率先登場的是前同事凱特君，她剛結束倫敦遊學。我們上次一起出差是在絲路的中國段，從西安到烏魯木齊，以及冷到凍傷的北疆，想不到會在絲路尾端再次聚首，她熱愛考究歷史典故，期待能帶來深刻思辨和文化激盪。

#在那不勒斯和披薩共譜戀曲

那不勒斯（拿坡里）給我的第一印象，市容有點髒亂，街頭遍布噴漆塗鴉，頭頂上有晒衣竿掛滿衣褲，巷弄裡摩托車來往穿梭，嘈雜又有活力，洋溢著滿滿的生活氣息，帶著東南亞城市的親切和熟悉。

那不勒斯是披薩的起源地，二〇一七年被聯合國教科文組織列為世界無形文化遺產，來到這裡，絕對要狂吃披薩，配瑪薩拉酒！

我一連好幾餐狂嗑披薩，果然名不虛傳，皮薄餡多，口味多元，便宜又好吃，出了那不勒斯到其他城市再吃，回不去了。

由於名店都要排隊，每個人心中都有自己的愛店，我們便挑選有眼緣的街邊店家，不論是薄餅或厚

那不勒斯濱海，
這角度像淡水看八里

餅都很好吃，根本不用崇拜名店，街上的披薩店都很不賴。

我一個人能吃完一整個披薩，一如電影《享受吧，一個人的旅行》主角茱莉亞．羅勃茲大啖披薩說著：「我在戀愛，我在跟我的披薩談戀愛。」

那不勒斯的濱海有幾分雷同淡水地貌，彷彿在淡水河右岸望著觀音山，凱特君則說像邁阿密，沒有沙灘版的。

我們參觀了新堡和蛋堡，我最喜歡蛋堡臨海的觀景平台，海面上雲集了各式風帆，往前望向蘇維埃火山，往後回望那不勒斯海灣。日落昏黃，那不勒斯的海岸風光在我眼裡發著光，一派閒散。

#龐貝城封存了生命的深刻湧動

原先一直掙扎要去佛羅倫斯看文藝復興，還是去那不勒斯看龐貝城，後來選擇了後者，為了緊扣絲路的主題。所有繁榮終會幻滅，我想知道，死亡當前最後一刻，龐貝人經歷了什麼？

那不勒斯前往龐貝的私鐵火車外觀滿是塗鴉，滿得宛如裝置藝術，我分不清這是民眾私自創作還是鐵路公司公開徵稿，但想到街頭隨處都有塗鴉，我想這就是民風，一如南義人的熱情和奔放。

龐貝城很大，為了一次探完，我們早餐吃得特別飽，背包裡帶著行動糧，努力爭取最多的參觀時間。

曾經繁華昌盛的古羅馬第二大城在一天之內消逝，就像回到九二

龐貝，是座熱愛生活與藝術的羅馬古城

一地震的倒塌遺址，我依稀感受到那一夜的天搖地動與伸手不見五指的驚惶逃亡。

龐貝城是一座被封存了兩千年的時光膠囊，遺跡裡，公共建設標配一應俱全，就連商業機能都很完整。這座城市天生與藝術並存，房屋牆上有壁畫，地板上有馬賽克拼貼，每座建築都重現著原生的璀璨。

曾經富麗堂皇的羅馬大城瞬間被完整掩埋，我不只在看遺跡，更多時刻在想人生。一生啊，聽起來很長，往往世事難料，有時短到來不及說再見，有時短到壯志未酬。

龐貝遺址最難能可貴之處是重現了舊時人們的最後模樣。被火山灰定格的人形，考古學家灌上石膏模，重現辭世前的驚恐和掙扎，也有些是平靜和從容地被死亡吞噬。

行政中心廣場上，我看到一對情侶深深擁吻，突然想起電影《龐貝》的男女主角最終放棄了出逃，選擇相擁深吻，一起共赴黃泉。視死如歸的愛，自此永恆凍結。

高中的時候，我沒有讀懂村上春樹《挪威的森林》，覺得書的氛圍有如濃厚迷霧。我難以理解人物們的愛情觀、彼此的糾纏和牽絆，直到歷經幾段戀情再回頭讀，才慢慢穿透那片森林的迷霧。

我想起了書裡這段話：「死並非生的對立面，而做為生的一部分永存。」

死亡不是終結，而是過程，死亡使生命存在了意義，使得人們體會生命的珍貴，死亡也是新生的開始。

石膏模人形，還原生命最後一刻的湧動

他們已成了永恆，留下生命裡最深刻的湧動，一如秋日凋零的樹葉，雖然沒有了生命，卻化作養分滋養了土地。

原本多雲的天候，陽光從縫隙鑽出，將半人馬銅像打得透亮，大會堂的石柱和門廊，依然佇立在蘇維埃火山前。

走向廣袤帝國的心臟

這是我人生中不凡的一夜，歷時一百四十五天。

我一個人情緒激動地來到羅馬，走過君士坦丁凱旋門，一如電影《神鬼戰士》的麥希穆斯將軍，緩緩步向羅馬競技場。

這條絲路太漫長了，我終於抵達了陸上絲路的終點：羅馬。

外牆上環繞三層的一圈圈拱形門，夜裡罩著黃光更顯優美，恰似敦煌莫高窟一個又一個石窟，無數的飛天樂伎從裡頭飄出，翩若驚鴻，婉若遊龍，自由翱翔於羅馬天際，不停地散花和奏樂舞蹈。

在這巨大、厚重又激動人心的建築前，我彷彿聽見七萬觀眾的掌聲和喝采，我卸下了心中的重擔，我要重獲自由了！

「城市之王」羅馬是所有歐洲城市的原型，在地中海區域拔地而起N個備分，瘋狂翻模和變種。走在羅馬彷彿能輕易穿梭不同歷史時代，探尋萬事萬物的起源，找到橫亙千年的答案。

一路上看遍了羅馬時代的遺跡，如今總算步入核心，整個羅馬城是一座巨大的博物館，每一步都是一個景，每一處都是精心擘劃的小宇宙。

羅馬果然貴為永恆之城，讓我無時無刻怦然心動，就算是斷垣殘壁的遺跡，依然氣宇軒昂地展示著恢弘的格局，強盛帝國的光輝彷彿將萬年長存。

相較於先前去過的其他歐洲城市，羅馬的街頭和建築最出圈的就是洋洋灑灑的雕像，讓人眼花撩亂，甚至難以分辨人與神話的界線。神性和人性並無兩樣，神與英雄的故事，都是歷史不斷更迭的另一種寫照。

羅馬最讓我流連忘返、每日都會造訪一次的景點是特雷維噴泉，大面積以劇場式呈現雕像群，明明是海神宮，卻呈現萬馬奔騰的氣勢。我在羅馬最後一天也來到噴泉旁，身體背對著噴泉，由肩膀上方投入一枚硬幣，留下了再回羅馬的應許，並衷心期盼下次是兩個人。

#羅馬城的各種打開方式

電影《羅馬假期》也許我們都沒看過，但電影中的劇情，多年後已內化成景點的浪漫意涵，吸引遊人慕名造訪。

真理之口是古老的測謊機，
也是告白聖地

我去了「西班牙階梯」和「真理之口」，把手放進海神兒子的口中拍了一張趣味紀念照。傳聞說謊的人手會被咬斷，情侶只要在這裡吐露真心，都能讓戀情升溫。

有一天則以電影《天使與魔鬼》為主題遊走，第一站前往拉斐爾下葬的「萬神殿」，再去拉斐爾設計的「人民聖母堂」，晃過被稱為雙胞胎的「奇蹟聖母堂和聖山聖母堂」，最後造訪教宗祕密逃生通道「聖天使堡」。

一走進萬神殿內部立刻被巨大的圓頂震懾。高度和直徑都是四十三．四公尺，無任何鋼筋混凝土支撐的穹頂被米開朗基羅讚歎為「天使的設計」，兩千年來矗立不倒的奇蹟，是保存最完好的古羅馬建築。

穹頂中央有一個直徑八．九公尺的圓洞，落下的光像極了舞台上的探照燈，不管哪個時間點，那道光都能攫住人的目光。光，象徵無所不在的神，讓神充滿於空間。

聖天使堡原先為哈德良皇帝的陵墓，前方的聖天使橋上豎立了十二座天使雕像，其中十座手上拿著一件耶穌受刑的刑具。最靠近城堡那兩尊出自貝尼尼之手，其餘是他的學生根據設計稿製作完成，成了全羅馬最聞名和最具魅力的一座橋。

絲路進了義大利後，消費翻倍，羅馬一天床位的住宿費，可以抵中亞一星期，吃飯我都找便宜實惠的，或自己煮麵。

來到羅馬，一定要吃國民美食培根蛋黃義大利麵。凱特君帶我到 Da Tonino 餐廳，蛋麵上桌以後，看似作工簡單，實則醬汁濃郁，又飽含蛋香和培根鹹鮮。

我在西班牙廣場附近找到一家超佛的 PASTIFICIO 餐廳，義大利麵加紅酒只要四歐元（二〇一九年價格），每天有兩種口味可選。雖然需要立食但對我沒難度，一連光顧好幾天。

在羅馬那幾天我全採步行晃蕩，一來避免地鐵站內的扒手行竊，二來能深度無疏漏地窺探羅馬，每天都走兩萬步以上。

在義大利我也莫名一直吃冰，只要看到路邊有少女在吃冰，腦波就很弱地跟著排隊。我最愛的有兩家，一家是羅馬的 Venchi，一家是威尼斯的 Suso。

納沃納廣場

君士坦丁凱旋門

西班牙階梯

威尼斯廣場

特雷維噴泉

羅馬競技場

《聖殤》，米開朗基羅重新定義悲傷，愈沉靜愈悲慟

最小的梵蒂岡，闊如無邊海洋

羅馬時光的最高潮，就落在世界領土面積最小的國家梵蒂岡。梵蒂岡博物館收藏了埃及和希臘羅馬文物，以及中世紀到文藝復興的大腕作品，不只是一間博物館，而是藝術珍品的最高殿堂。

讓我最心醉神迷的是米開朗基羅的作品。蔣勳老師曾形容米開朗基羅的性格恰似李白，在極度亢奮和極度沮喪中起伏，也是這樣超乎常人的能量，才能遊走在狂暴與細緻的兩極，開鑿不朽的一頁。

在聖彼得大教堂第一眼看到《聖殤》，我像是被撫慰的柔光照耀，接著魂就被扣住了，硬核的悲劇，怎能美到令人心醉又心碎？

聖母瑪利亞的容貌不似母親，宛若少女一般，雙手抱住被釘死的基督，身上的傷痕被隱晦的收斂，彷彿沒有受到傷痛的折磨，如嬰兒躺在母親懷中熟睡。

瑪利亞一臉平靜的姿容彷彿超越了所有情緒，愈清澈愈顯哀傷。真正的悲慟不是震天哭喊，而是哀莫大於心死，無聲勝有聲。

這是米開朗基羅年僅二十四歲時的作品，有別於一般雕塑家悲痛欲絕的詮釋，他以充滿溫度的人性觀察，闡揚強大的美善力量，讓作品拋光出如陽光潔白的憐照，而非遁入無間的黑暗。

西斯汀禮拜堂的拱頂和牆壁，米開朗基羅《創世紀》和《最後的審判》巨型壁畫，宏偉到令我屏息。大師以健壯的人體來表達角

梵蒂岡是遼闊的海洋，
藝術匯流成無價之寶

色，霸氣打破人與神的疆界，他自己就是那一位永恆的挑戰者，一生殫精竭慮投身創作。

米開朗基羅一生共創作了三座《聖殤》雕塑，作品風格迥異，隨著年輪擴增，他一再重新答題，闡釋對於死亡與悲痛的見解。二十四歲呈現了青春的痴狂，七十歲添增了悲涼和粗獷，八十九歲則顯露生命盡頭的蕭瑟和解脫。

趕在日落前，我登上教堂頂樓，終於置身世界知名的電影場景中，俯瞰著聖彼得廣場和羅馬城，屋簷上豎立一百四十位聖人雕像，彷彿永恆的守衛者。

我在頂樓和致彥碰面，他剛結束巴塞隆納的交換學生。最有趣的是，他還沒飛去西班牙，我就出發走絲路；他現在結束學業，開始周遊歐洲各國，我還在旅行。

我們交換各自大半年的經歷，從華燈初上聊到月升，縱使十二月的氣溫很凍，我們冷到皮皮挫，一起擤著鼻水，仍珍惜這短暫而色澤溫熱的相會時光。

點燈後的環形廣場和中央走道構成巨大的鑰匙孔形狀，通向聖天使堡。

小小的梵蒂岡像是一座島，蘊含了無與倫比的藝術珍品，在我心中漾成一片無邊際的浩瀚汪洋。

洪水淹沒威尼斯的日常

萬里迢迢，結束陸上絲路的終點羅馬後，我再下一城，前進海上絲路的重要節點威尼斯，馬可波羅的故鄉。

如果馬可波羅真的去過中國元朝，那真的不容易，我一個人走得如此疲憊，名為旅行，實則孤旅長征。

#威尼斯的情迷夕色

威尼斯一如想像，是一座滿布水道的華美古城，擠滿各國觀光客，我一個人，沒打算搭乘貢多拉悠遊運河。

我的華語音樂大半青春都是周杰倫，我也同他自詡為「貪心的藝術家」。他的音樂MV一再展露對歐洲的情迷，其中二〇〇五年的〈黑色毛衣〉和〈四面楚歌〉，以及二〇一四年的〈竊愛〉MV，皆到威尼斯取景。

冬季威尼斯在我眼中，貼近〈黑色毛衣〉的氛圍。天頂罩著化不開的雲霧，時不時霪雨霏霏，感謝有一日向晚時刻，天空像是酩酊大醉，傾塌了千疊雲朵，躍然出鞘一顆泛黃的夕陽，暈染半邊天幕到水色。

有過那麼一刻威尼斯的明媚光輝就好，喚醒了我沉睡已久的喜悅，讓我能繼續前行。

聖馬可廣場的大教堂和總督宮是整個威尼斯最璀璨的核心，拿破崙留下「歐洲最美客廳」讚譽，也讓我見識到威尼斯的富甲一方，誕生了世界最早的現代銀行體系，壟

我如高漲的洪水漫上了岸，
抵達絲路最終站——威尼斯

斷歐亞非經濟貿易，成為歐洲富有的海上強權。

威尼斯處處可見雙翼金獅的圖騰，總督宮、聖馬可大教堂和時鐘塔上的雕刻都有獅子，它是聖馬可的化身，守護著威尼斯，成為威尼斯的標誌，也是聞名世界的威尼斯影展金獅獎的金獅。

聖馬可大教堂以供奉聖馬可遺骸而著名，外觀有五座大圓頂和哥德式尖塔，內部壁畫皆鑲上了金箔，籠罩在金碧輝煌的光芒裡，鑲滿兩千多顆寶石的黃金祭壇為鎮殿之寶。

總督宮由華麗的拱型廊柱構成，看上去像一圈圈蕾絲花邊，內部每個廳室都繪有美麗的溼壁畫。我漫步其中，置身在政治中心運籌帷幄的最前緣，走一趟地牢，體驗死刑犯最後離世前的動線，在歎息橋的懸空廊道上，留下不久人世的絕望回眸。

如今歎息橋反轉為浪漫勝地，相傳戀人只要搭乘貢多拉，在日落時分於歎息橋下接吻，將擁有天長地久的永恆愛情。威尼斯處處有讓人微醺的浪漫情懷，有如記憶中的巴黎，連空氣都高甜和浪漫。

#日日淹沒的繁華水都

威尼斯島的外型像一隻大魚，肥沃的魚肚是聖馬可區。我住在威尼斯外圍的陸地，每天搭乘公共巴士跨海至羅馬廣場站轉乘水上巴士，再順著倒S型水道，從羅馬廣場到聖馬可廣場遊覽運河水岸。

我的鞋子兢兢業業操持了五個半月，鞋底磨出了隙縫，只要遇雨

威尼斯商人的繁貿經濟，
總督宮有精采絕倫的展現

就會滲水，已在羅馬腳溼了多日，到了溫度更低又淹水的威尼斯，讓我未踏入就感到寒心。

來威尼斯第二天中午，運河水位逐漸上升，到了午後水深及膝，整個聖馬可廣場都被淹沒了。大水淹進了聖馬可大教堂，看上去猶如《白蛇傳》裡巨浪滔天的水漫金山寺。

初來乍到，整座城市至少八十%地區都淹水的場景，對我如電影《明天過後》般怵目驚心。

我趕緊向路邊攤販買了鞋套，在淹水街道跋涉，當地人似乎早已預知水位會淹沒市區，提前在低窪地區架起墊高的臨時浮橋供遊客行進。

隔日下午，威尼斯再次淹成水鄉澤國，我套上鞋套繼續水中行軍，瞬時感受到淹水是威尼斯的家常便飯，尋常的潮來潮往，店家開門水中做生意，遊客遊興不減逛大街。

鞋套和雨鞋已成威尼斯遊客冬日限定的時尚配件；到了威尼斯，體驗過淹水，才算淋漓盡致領略過水都風情。

以上說辭，乃面對氣候變遷的無奈自娛罷了。整理二〇一九年十一月中旬的新聞報導，威尼斯出現三次高於一百五十公分的淹水，最高水位更高達一百八十七公分，創下自一九六六年大淹水（一百九十四公分）後，半世紀來最高紀錄，全市約四分之三面積都泡在水裡，連著名的聖馬可大教堂在內的五十多座教堂都遭遇水災損壞。

隨著地層下陷與海平面上升，只要外海滿潮，海拔僅僅一公尺的威尼斯就會淹水。近年洪災愈來愈頻繁，淹水日持續拉長。

期待隨著摩西計畫防洪閘門啟用，這座古城得以長存。也希望下一次再來，威尼斯陽光燦爛。

水淹威尼斯，
成為遊客日常體驗

水淹聖馬可大教堂，
披上粼粼的金色倒影

歎息橋不再有死囚訣別，
換成一船船擁吻的愛情囚徒

在逆境的光處，鑿空重生

返回羅馬的火車上，閃過一座座微弱光亮的洞口，輾過迤迤長長的軌道，黑暗與光亮無盡交替。藍芽耳機播放著茄子蛋的〈浪子回頭〉，我終於不再奔波，穩妥地駛向終點站。

地中海的冬季始終壓著灰茫無力的雲層，終於到了該告別的時刻。一個人站在古羅馬廣場前，我靜默的、疲憊的，像孱弱的風中之燭燒到了燼落，拄著杖回望。

#一人鑿空絲路！掙開萬里繁花

從上海到羅馬，我已經在廣袤大地上點亮了屬於自己的連綿燈火，該甘心了，捻熄心中的野火。

我又回到了羅馬競技場，恰巧昏黃斜陽穿破雲層，打亮羅馬競技場牆面，我彷彿聽到了凱旋的歡呼聲，時空切到漢武帝的未央宮，張騫歷經十三年風霜和重辱，步履闌珊走進宮廷，老淚縱橫地對著漢武帝喊著：「絲路通了！」

他就像回到了母親的襁褓，一哭就無法收拾，這些年的辛酸皆化為淚水，滔滔不止的緩緩告解。

明知道就算會一個人，我還是堅持出發，果然有七成時間都是一人獨旅，為了夢想，我心甘情願搏鬥和付出。

這趟旅程讓我探尋到一個人旅行的極限大約是三個月，而我走了半年，後期的心態難抵疲乏與厭倦。

這一路像一條奔流不息的大河，氾濫過多少次淚光，浮游過多少次孤單，從不屈服也從不回頭，我死守著幾近乾涸的勇氣，一波波湧向遠方，流淌出自己的生命軌跡。

絲路就像一場薄如蟬翼的幻夢，浩瀚的文明如脆弱的泡影，旅人短暫的交會則如怦然的甘霖，支撐我的是無數路人的溫暖，不論遇上順境或逆境，都要堅持善良，用積極的態度帶自己找到出路。

#在絲路上，向內朝聖

人生，是一段認識自己的過程；旅行，是一段向內朝聖的時光。

這條大絲路是一條跨越國境的漫長遠征，經歷了層出不窮的衝擊和考驗，並不是所有的冒險旅途都一定會長出磅礡又動人的結局，我想讓你們看到一個疲憊不堪又傷痕累累的靈魂，如何修補好那些遺憾，照顧好那些疼痛，引領自己活回完整的狀態。

這是一場鑿空自我的修行，穿越千年，穿行萬里，穿過荒涼的沙漠，穿梭險峻的峽谷，穿透翻騰的苦海，幾度在路上奄奄一息，又在路上掙扎求生。

我在漫長旅途的修煉當中，任愛恨過境，任恐懼過隙，學會好好和自己對話，學會好好和自己和解，學會好好和自己相處，活出進化版的劉士銘2.0。

我背著大行李走進了羅馬機場，真正要畫上句點之時，一切又歸於寂靜，回憶的觸感帶著斑駁的雜訊，炙熱的不是大景點或名場面，而是逆著光前行的身影，是拭著淚安撫情緒的悸動，鼓勵自己撐下去的隻字片語。

望著落地窗斜射的日光格放著一絲絲輕塵，我看見柔軟和平靜的自己，以及孤勇和豐滿的自己，我的靈魂終於能夠安放，我的人生沒有一刻過得比現在還要富足，沒有一刻比現在更有力量。

無論好的、壞的、歡樂的、憂傷的、遺憾的，都成了一道道安穩又踏實的風景。所有的熱情、煎熬和遺憾，都化為世間雲煙，蒸散為天邊的光，回首向來蕭瑟處，也無風雨也無晴。

最終，什麼都留不下，也帶不走，只要發過光，留下靈魂和回憶就好。

#謝謝妳！前任

在羅馬機場候機室，我又想起了前任。如果當初沒有分手，在絲路的盡頭，累到渴望一個歸宿的我，鐵定會在回國第一時間在桃園機場求婚，許諾未來是兩個人一起走到天涯海角，可惜我們沒有走到最後。

我總是希望凡事能夠不留一絲遺憾，但遺憾有時才是成長和轉變的關鍵。

飛機上，我又看了一次後勁很強的電影《前任3：再見前任》，心依然感受到虐痛。我很喜歡這一段對白：「只有當紫霞永遠離開至尊寶的時候，至尊寶才能成長為孫悟空。成長是個很痛的詞，當你成熟了，你不一定會得到什麼，卻一定會失去一些東西。」

那時我們牽著手，卻沒能一起走往相同的方向。我想，很多人的出現不是為了幸福廝守到老，而是讓你一夜長大；男孩沒有被傷痛輾壓過，就不會痛徹心扉的成長，蛻變為成熟的男人。

衡量一段感情的好壞不是白頭偕老，牽手或分手都是好的感情，而是在這段感情裡有沒有獲得成長，更清晰地看到自己，找到未來理想的模樣。

就像叔本華說的：「大多時候，讓我們懂得事物價值的，正是失去。」人非得要失去過後才會明瞭和珍惜，以及更認識當下的自己，走向自己理想的道路。

人生但求無憾，難求圓滿，她依然在心上，我會收藏好專屬於她的美好一程。

愛過，就過了；錯過，就過了。愛過了就不遺憾，錯過了也不遺憾。

謝謝前任的放手，謝謝我的堅強，經歷漫長的磨難和成長，歷練這一路西遊的風光，故事終要翻到下一頁。

再見了，前任！
謝謝妳，前任！
我用一條絲路的時間，
去惦記妳和放下妳
我們各自安好，
就是最大的圓滿。

#終於、終於，回家了

機上鄰座是一位爸爸，來歐洲探望留學的孩子，對於我的漫長旅途深表驚歎。他覺得最難的是克服孤獨，拍著我的肩說「辛苦了」。我雙眼的淚水瞬間汩汩泛出，只好趕緊把臉側向窗口，徹底放流漫無止境的辛酸。

每次長途電話裡，我最怕被問到「你過得好不好？」，也最怕聽到「辛苦了！」。

辛苦是真的！想家是真的！一個人被欺負又無處宣洩的苦悶是真的！

這些直擊遊子心靈的問候，我都會破防地難以堅強，哽咽到難以言語，淚水涔涔落下。

孤獨，是這一趟最難的課題，有時非得要一個人去磨難，放下我執的武裝稜角，才能望見生命更多可能的面貌，面對悠渺的未來，我不再恐懼，又擁有充沛的能量。

清晨斜映的陽光打亮了機窗外的高聳群山，綿密的埤塘閃爍成一哇哇明鏡，熟悉的家鄉模樣映入眼簾，我終於不再是過客，大半年來的壓力如槁木斷碎，我的身心靈可以放鬆了，瞬時感受到心好累，卻好舒坦。

盛夏時節出門，歸來已是冬裝。一踏入出境大廳就聽到有人大叫「劉士銘」，乍聽好陌生的三個字，已經好久沒有人呼喚我的中文名字了，久候多時的阿梅和莉塔熱烈恭祝我完成壯遊。

她倆雖無法同行，卻情義支持我的起點和終點。我大聲吶喊「我終於回家了」，這才知曉「終於」這兩個字是那麼艱難，疊覆了兩萬七千公里的殷切惦念。

家裡多了一位新成員，出生三個多月的姪女善善聽說大多時間都在睡覺，叔叔好期待親眼看看妳。

媽媽來電說姪女還沒起床，吩咐我不要太早回家，吵醒她不好收拾。天啊～我在家中排行第一的寵幸地位竟然被篡奪了，喔不～我失寵了！

- 無人機（吉爾吉斯，葬送樹林）
- iPhone X 手機（伊朗，毀損，無法使用）
- 錢包（土耳其，街頭遺失）
- 保暖外套（烏茲別克，火車上遭竊）
- 單眼相機廣角鏡頭（土耳其，對焦故障，無法使用）
- 隨身背包三個（烏茲別克、伊朗、義大利，拉鍊毀損）
- 牛仔褲（烏茲別克，膝蓋破洞太大，影響行走）
- 上衣兩件（伊朗，青旅遺失）
- GoPro 防撞保護殼（烏茲別克，毀損）
- 類單眼相機套（伊朗，景區遺失）

長途旅行，注定面臨太多逝去，一路揮別身家財產

跨越台伯河的聖天使橋，被譽為羅馬最美的橋

願在水中載浮載沉的飄蕩古城長存。期待下次見面，是陽光燦爛的季節

彩色島，在不撞色的繽紛房舍裡迷航

我站在世界著名的電影場景，俯瞰羅馬城的光輝月夜

後記

裸心出走！奔赴遠方的萬千光景

我走過的兩萬七千公里路，瀟灑一回頭，已經一整片烽火連天。二〇一九年新型冠狀病毒（COVID-19）接踵而至，漲天烈焰延燒了大絲路，焚毀了合縱連橫的疆界，各國壁壘重現的鎖國圖存，蠻橫肆虐全球三年餘。

最初，我受到不少朋友勸阻：「這條路一個人走很危險，不要急著二〇一九年出發，找到人二〇二〇年也可以去，急什麼？」

夢想有賞味期限，我一股傻勁地裸心出走，如一粒沙飄流安生。

後來才知道，自己幸運地在二〇一九年新型冠狀病毒爆發前走完了痴心妄想的絲路，並回到了故鄉。

電影《當幸福來敲門》說過：「不要讓別人告訴你，你不能做什麼。那些做不到的人總要告訴你，你也不行。只要有夢想，就要去追求。」

我說過的夢想，都會用生命去實踐，曾經以為抵達不了的遠方，還是一步一腳印的魚貫而來。感謝那個勇敢出發的自己，感謝那個沒有向時代盲流妥協的自己。

很多事情不需要到完美，就能去追尋，得與失，一直都是恰如其分的動態平衡。

我想對讀到這裡的你們說，人生只有一次，如果還有夢想，請用力去追，不要把什麼都丟給以後，不一定會有以後；唯有走出舒適圈，人生才有新的可能，也許現在無法預見，但去嘗試後一定會不一樣。

大絲路之旅不光是對外在世界的冒險，更是對自身的探索和磨礪。自我成長的前提，是正視自我的缺憾，躬身自省出答案，解開制約和撫平傷痛後，再度滿血回歸。

這本書歷時三年打磨，遠比旅行更渺遠和震盪，難在於跨越太多國家，有複雜的種族和歷史，以及盤根錯節的地緣政治需要考究，為了專心撰書，我向公司申請留職停薪一年，熟料被資遣，如今全力拚出這本大書，完成終極大夢。

絲路的故事太浩瀚，我譜寫了海量的十七萬字，最終刪減一半字量，留下動人心魄的精華成書，總算讓這段生命歷程堅韌存世，為絲路留下永恆的禮敬。

我的眼眸會繼續閃動純粹晶亮的光芒，懷抱著赤子的期待和真誠，繼續相信遠方、相信夢想，再往那一片美好如炬的萬千光景，邁開腳步。

願在路上的我們，遼闊如風，燦爛如光。

最心安與掛念的
起點與終點

ACROSS 070

絲路裸心飄流：把自己拋向遠方去遺忘

作　者—劉士銘
責任編輯—陳詠瑜
行銷企畫—林欣梅
封面設計—FE工作室
內頁設計—張靜怡
編輯總監—蘇清霖
董事長—趙政岷
出版者—時報文化出版企業股份有限公司
一〇八〇一九臺北市和平西路三段二四〇號三樓
發行專線—(〇二)二三〇六—六八四二
讀者服務專線—〇八〇〇—二三一—七〇五
(〇二)二三〇四—七一〇三
讀者服務傳真—(〇二)二三〇四—六八五八
郵撥—一九三四四七二四時報文化出版公司
信箱—一〇八九九臺北華江橋郵局第九十九信箱
時報悅讀網—http://www.readingtimes.com.tw
電子郵件信箱—newstudy@readingtimes.com.tw
時報出版愛讀者粉絲團—https://www.facebook.com/readingtimes.2
法律顧問—理律法律事務所　陳長文律師、李念祖律師
印　刷—和楹印刷有限公司
初版一刷—二〇二三年四月十四日
定　價—新臺幣四五〇元
（缺頁或破損的書，請寄回更換）

時報文化出版公司成立於一九七五年，
一九九九年股票上櫃公開發行，二〇〇八年脫離中時集團非屬旺中，
以「尊重智慧與創意的文化事業」為信念。

絲路裸心飄流：把自己拋向遠方去遺忘／劉士銘著. -- 初版. -- 臺北市：時報文化出版企業股份有限公司, 2023.04
224面；17×23公分. --（Across；70）
ISBN 978-626-353-504-6（平裝）

1. CST：遊記　2. CST：絲路

719　　112001132

ISBN 978-626-353-504-6
Printed in Taiwan

你對你的夢想還虔誠嗎？
你活出想要成為的樣子了嗎？
想要滾燙的人生，就不要怕被燙傷

絲路的一千年，不過一瞬間
鑿刻璀璨又寂寥的年華
在被歷史的黃沙覆沒以前